蘇民峰

玄學錦囊

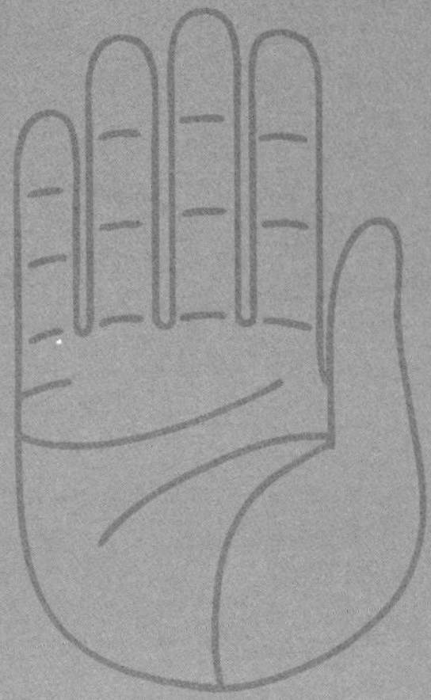

相掌篇

觀相察掌應用速讀

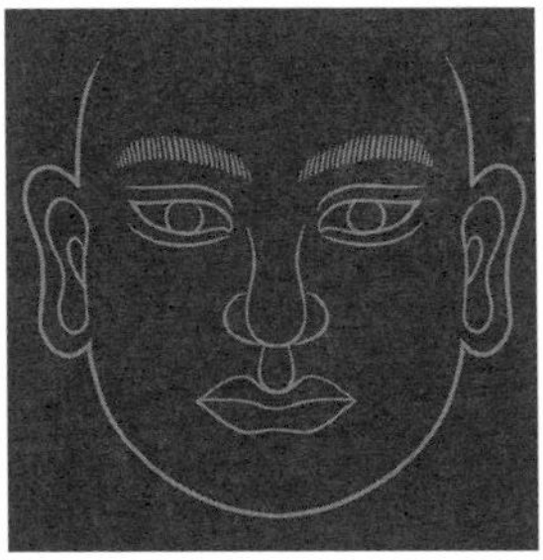

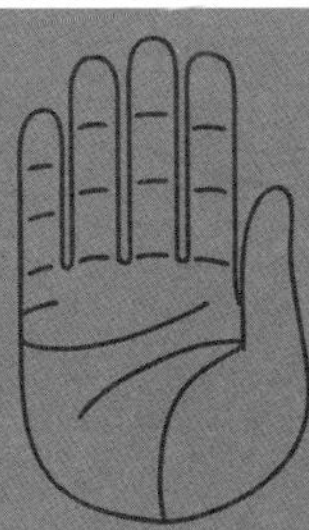

增訂版

圓方出版社

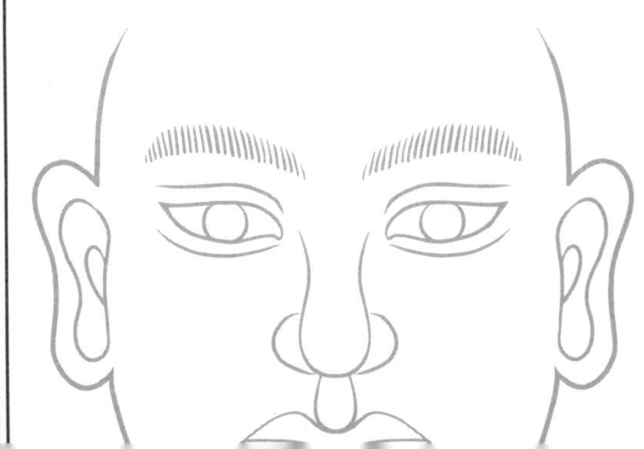

增訂版序

《觀相知人》是我第一本著作，一九九四年開始在《亞視周刊》連載，至一九九九年結集成書，一個月便買清了第一版，而第二版改成精裝本，所以收藏着當年第一版軟封面的讀者不多。而這本《玄學錦囊相掌篇》，也是集合多篇在雜誌上發表的稿件，再結集成書。

《觀相知人》為相學之本體，《玄學錦囊相掌篇》為相學的運用，之後再出版了一本《談情說相》，可說是觀相的心理學，觀其人便知其所想，故亦可以說是實際的應用篇，再到後來出版了《相學全集》，把自己所學之心得，再整合古代較具代表性之篇章，集合在一起，共有四本之多；而我從十歲以前開始自學至今年六十歲，五十多年的經驗與心得已盡在此處。如各位有興趣研習相學的讀者，熟讀此四輯書，必然能將你的觀人之術大大提升。

蘇民峰

作者簡介

蘇民峰　長髮，生於一九六〇年，人稱現代賴布衣，對風水命理等術數有獨特之個人見解。憑着天賦之聰敏及與術數的緣分，對於風水命理之判斷既快且準，往往一針見血，疑難盡釋。

以下是蘇民峰這四十年之簡介：

八三年　開始業餘性質會客以汲取實際經驗。

八六年　正式開班施教，包括面相、掌相及八字命理。

八七年　毅然拋開一切，隻身前往西藏達半年之久。期間曾遊歷西藏佛教聖地「神山」、「聖湖」，並深入西藏各處作實地體驗，對日後人生之看法實跨進一大步。回港後開設多間店舖（石頭店），售賣西藏密教法器及日常用品予有緣人士，又於店內以半職業形式為各界人士看風水命理。

八八年　夏天受聘往北歐勘察風水，足跡遍達瑞典、挪威、丹麥及南歐之西班牙，隨後再受聘往加拿大等地勘察。同年接受《繽紛雜誌》訪問。

八九年　再度前往美加，為當地華人服務，期間更多次前往新加坡、日本，以至台灣地區等。同年接受《城市周刊》訪問。

九〇年　夏冬兩次前往美加勘察，更多次前往台灣地區，接受當地之《翡翠雜誌》、《生活報》等多本雜誌訪問。同年授予三名入室弟子蘇派風水。

九一年　續去美加，以至台灣地區勘察。是年接受《快報》、亞洲電視及英國BBC國家電視台訪問。所有訪問皆詳述風水命理對人生的影響，目的為使讀者及觀眾能以正確態度去面對人生。同年又出版了「現代賴布衣手記之風水入門」錄影帶，以滿足對風水命理有研究興趣之讀者。

九二年　續去美加及東南亞各地勘察風水，同年BBC之訪問於英文電視台及衛星電視「出位旅程」播出。此年正式開班教授蘇派風水。

九四年　首次前往南半球之澳洲勘察，研究澳洲計算八字的方法與北半球是否不同。同年接受兩本玄學雜誌《奇聞》及《傳奇》之訪問。是年創出寒熱命論。

九五年　再度發行「風水入門」之錄影帶。同年接受《星島日報》及《星島晚報》之訪問。

九六年　受聘前往澳洲、三藩市、夏威夷及東南亞等地勘察風水。同年接受《凸周刊》、《壹本便利》、《優閣雜誌》及美聯社、英國MTV電視節目之訪問。是年正式將寒熱命論授予學生。

九七年　首次前往南非勘察當地風水形勢。同年接受日本NHK電視台、丹麥電視台、《置業家居》、《投資理財》及《成報》之訪問。同年創出風水之五行化動土局。

九八年　首次前往意大利及英國勘察。同年接受《TVB周刊》、《B International》、《壹週刊》等雜誌之訪問，並應邀前往有線電視、新城電台、商業電台作嘉賓。

九九年　再次前往歐洲勘察，同年接受《壹週刊》、《東周刊》、《太陽報》及無數雜誌、報章訪問，同時應邀往商台及各大電視台作嘉賓及主持。此年推出首部著作，名為《蘇民峰觀相知人》，並首次推出風水鑽飾之「五行之飾」、「陰陽」、「天圓地方」系列，另多次接受雜誌進行有關鑽飾系列之訪問。

二千年　再次前往歐洲、美國勘察風水，並首次前往紐約，同年masterso.com網站正式成立，並接受多本雜誌訪問關於網站之內容形式，及接受校園雜誌《Varsity》、日本之《Marie Claire》、復康力量出版

作者簡介

之《香港100個叻人》、《君子》、《明報》等雜誌報章作個人訪問。同年首次推出第一部風水著作《蘇民峰風生水起（巒頭篇）》、第一部流年運程書《蛇年運程》及再次推出新一系列關於風水之五行鑽飾，並應無線電視、商業電台、新城電台作嘉賓主持。

○一年　再次前往歐洲勘察風水，同年接受《南華早報》、《忽然一週》、《蘋果日報》、日本雜誌《花時間》、NHK電視台、關西電視台及《讀賣新聞》之訪問，以及應紐約華語電台邀請作玄學節目嘉賓主持。同年再次推出第二部風水著作《蘇民峰風生水起（理氣篇）》及《馬年運程》。

○二年　再一次前往歐洲及紐約勘察風水。續應紐約華語電台邀請作玄學節目嘉賓主持，及應邀往香港電台作嘉賓主持。是年出版《蘇民峰玄學錦囊（相掌篇）》、《蘇民峰八字論命》、《蘇民峰玄學錦囊（姓名篇）》。同年接受《3週刊》、《家週刊》、《快週刊》及日本的《讀賣新聞》之訪問。

○三年　再次前往歐洲勘察風水，並首次前往荷蘭，續應紐約華語電台邀請作玄學節目嘉賓主持。同年接受《星島日報》、《東方日報》、《成報》、《太陽報》、《壹週刊》、《壹本便利》、《蘋果日報》、《新假期》、《文匯報》、《自主空間》之訪問，及出版《蘇民峰玄學錦囊（風水天書）》與漫畫《蘇民峰傳奇1》。

○四年　再次前往西班牙、荷蘭、歐洲勘察風水，續應紐約華語電台邀請作風水節目嘉賓主持，及應有線電視、華娛電視之邀請作其節目嘉賓，同年接受《新假期》、《MAXIM》、《壹週刊》、《太陽報》、《東方日報》、《星島日報》、《成報》、《經濟日報》、《快週刊》、《Hong Kong Tatler》之訪問，及出版《蘇民峰之生活玄機點滴》、漫畫《蘇民峰傳奇2》、《家宅風水基本法》、《The Essential Face Reading》、《The Enjoyment of Face Reading and Palmistry》、《Feng Shui by Observation》及《Feng Shui — A Guide to Daily Applications》。

○五年始　應邀為無綫電視、有線電視、亞洲電視、商業電台、日本NHK電視台作嘉賓或主持，同時接受不同雜誌訪問，並出版《觀掌知心（入門篇）》、《中國掌相》、《八字萬年曆》、《八字入門捉用神》、《八字進階論格局看行運》、《生活風水點滴》、《風生水起（商業篇）》、《如何選擇風水屋》、《談情說相》、《峰狂遊世界》、《瘋蘇Blog Blog趣》、《師傅開飯》、《蘇民峰美食遊蹤》、《蘇民峰‧Lilian蜜蜜煮》、《A Complete Guide to Feng Shui》、《Practical Face Reading & Palmistry》、《Feng Shui— a Key to Prosperous Business》、五行化動土局套裝、《相學全集一至四》、《八字秘法（全集）》、《簡易改名法》、《八字筆記（全集）》、《蘇語錄與實用面相》、《中國掌相》、《風水謬誤與基本知識》等。

蘇民峰顧問有限公司
電話：2780 3675
傳真：2780 1489
網址：http://www.masterso.com
預約及會客時間：星期一至五下午二時至五時

目錄

富貴由天

目錄

戴眼識人

解救玄機

談婚

論嫁

姻緣幾時到

每年等到頸都長，都不知道姻緣甚麼時候來到。原來，從自己的生肖可以推算出自己到底在甚麼時候有重桃花運，又有桃花就自然有結婚之機會。然後只要再根據掌上之婚姻紋，便可推測哪一段桃花最容易變成姻緣。

各生肖之桃花年

鼠—重桃花年——二〇二三年、二〇二九年
霧小桃花年——二〇二七年、二〇三一年

牛—重桃花年——二〇二二年、二〇二八年
霧小桃花年——二〇二六年

虎—重桃花年——二〇二一年、二〇二七年
霧小桃花年——二〇二三年

兔—重桃花年——二〇二〇年、二〇二六年、二〇三二年

霧小桃花年——二〇二二年、二〇三〇年

龍—重桃花年——二〇二五年、二〇三一年

霧小桃花年——二〇二九年

蛇—重桃花年——二〇二四年、二〇三〇年

霧小桃花年——二〇二六年

馬—重桃花年——二〇二三年、二〇二九年

霧小桃花年——二〇二一年、二〇二五年

羊—重桃花年——二〇二二年、二〇二八年

霧小桃花年——二〇二〇年、二〇三二年

猴—重桃花年——二〇二一年、二〇二七年

露小桃花年——二〇二九年

雞—重桃花年——二〇二〇年、二〇二六年、二〇三二年

霧小桃花年——二〇二四年、二〇二八年

狗—重桃花年——二〇二五年、二〇三一年

霧小桃花年——二〇二三年

豬—重桃花年——二〇二四年、二〇三〇年

霧小桃花年——二〇二〇年、二〇三二年

餘此類推。以上年份再加十二年即為下一次之桃花年。

但即使在桃花年，亦不一定會出現一個如意郎君，因桃花年只代表有喜歡你的人出現，但不一定會出現一個你喜歡的人，所以往往有錯過桃花之情況出現。

從氣色看桃花

原來從面上之氣色亦能察看桃花是否已至：

一、雙眼突然變得閃亮且帶神采，而且雙眼表面水汪汪。

二、經常有笑意且人緣變佳，易與人親近。

三、就算沒有飲酒，兩顴都呈現粉紅色。

四、手掌上的感情線帶有光澤。

從掌上看結婚年

尾指對下，感情線對上，在掌邊橫過之細線稱為「婚姻線」，能讓你察看一個人在甚麼時候獲得一段重感情，且有結婚之機會。

婚姻線有長有短，長而深代表感情重，淺或短則代表感情輕。

如遇有桃花年，且掌中代表那個年份的位置又出現一條較長之婚姻線，即代表這段感情有開花結果之望。但不是每一條婚姻紋代表一段婚姻，只是代表一段較深刻的感情而矣，又不是每一個人都能在深刻的感情中開花結果的。

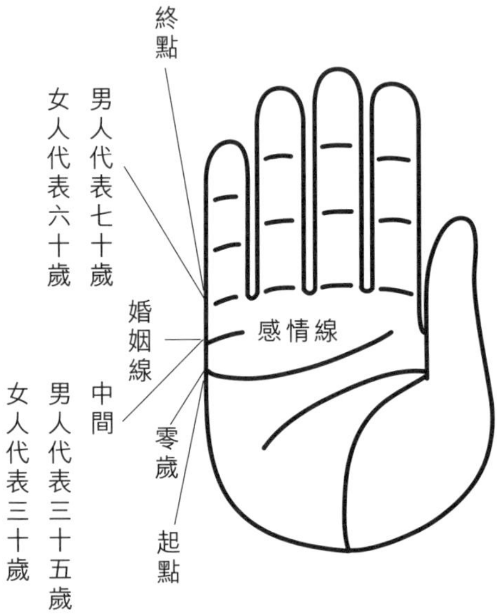
終點
男人代表七十歲
女人代表六十歲
婚姻線
感情線
中間
男人代表三十五歲
女人代表三十歲
零歲
起點

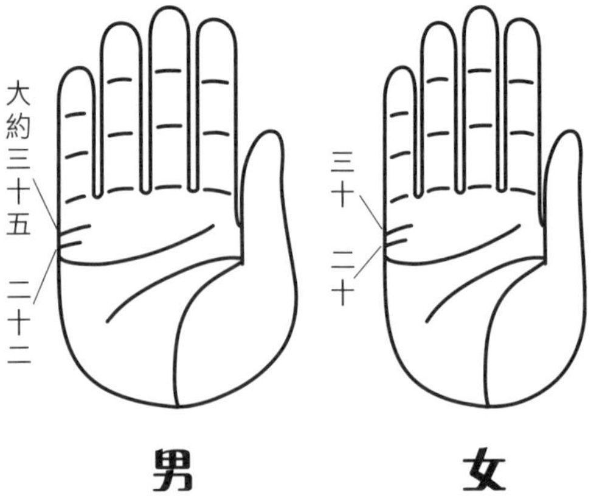
大約三十五
二十二
三十
二十
男
女

婚姻好壞話你知

想知婚姻好壞，只要對鏡一看或往掌上一望便一目了然。

面上看姻緣

面相上的顴、鼻、眼尾是察看婚姻好壞之處。

鼻——不論男女，鼻樑高直，無紋痣缺陷，必能得異性之助，姻緣亦佳。切忌孤峰獨聳，即鼻形過大而兩顴低削，不能扶助。

孤峰獨聳在男性面上代表人緣不佳，子女緣薄，反而妻緣無礙，且能得賢妻，事事以夫為主。

孤峰獨聳在女性面上則代表婚姻易生問題，且可能一生不能出嫁，因孤峰獨聳之女子，事事皆以自我為中心，每每自視過高，有看不起男性之心。由於她們常覺得別人配她不起，以致蹉跎歲月，丫角終老。就算好運能覓得夫婿，亦恐要奪夫權或琴瑟不和，終致分手收場。

鼻樑低陷，主女性難覓好姻緣。如嫁正常年歲如較年長三、五、七年之老公，大都夫星無助，不是好飲就是好嫖或好賭。尤幸子女緣分佳，有助力。惟鼻樑低之女性，如嫁得不正常之姻緣，即大十年以上、同年以下、異地姻緣，或曾離婚之夫，則夫妻緣分佳。除同年以下之夫外，其餘情況皆得夫助。

男性鼻樑低亦只代表妻無助力，但人們往往覺得這是理所當然，所以並無大礙。

鼻樑如有紋、痣、缺陷皆主夫妻感情不佳，常生疾病或常有磨擦，尤其是在二十歲、二十九歲、三十八歲、四十一歲及四十四歲期間更要加倍注意。

顴——顴是察看女性是否旺夫、剋夫或幫夫之處。大抵鼻高顴高而有肉包裹則旺夫，鼻低顴高而有肉包裹則幫夫，顴骨凸露又高則剋夫，如再加上額高而凸就更差。

相反男性不論顴高顴低皆與婚姻無直接關係。

眼尾——眼尾亦即魚尾，為夫妻感情宮。如眼尾位置飽滿，眼尾無下垂，無痣瘻皆主感情無礙。

相反，眼尾有痣瘿則代表夫妻感情平平，身體不佳，左面代表男性，右面代表女性。如眼尾下垂就更差，主有離婚之可能，尤以女性更為應驗。其發生問題之年歲多在三十九及四十歲，其他要注意的歲數為二十三、二十六、三十二及三十五歲。

掌上看姻緣

掌上可看姻緣好壞，從婚姻線及感情線自可找出答案。

感情線——感情線長而向上，直指食指基部，代表其人願意付出感情及容易接納對方之缺點。如在線尾開兩叉或三叉叫「愛情幸福線」，兩叉代表感情好，三叉更代表婚後生活富裕。

長而向上

開兩叉

開三叉

相反，感情線下垂、折斷，皆主感情不能順利進行，且易受第三者破壞，皆主難得美滿姻緣。

下垂為愛情失望線

折斷為失戀之記號

短則沒勇氣付出感情

婚姻線——婚姻線為尾指對下，感情線對上，在手掌邊緣橫過之細線，大抵以長而深為佳，短、淺、斷、有島紋、分叉、下垂、向上為差。

註：男性要觀察左掌，女性要觀察右掌。

婚姻線深長、有一條或兩條平行皆主婚姻幸福。

如婚姻線折斷，為離婚之記號。

正常婚姻線

婚姻線斷

婚姻線有很多短線而沒有一條深長之線，代表一生沒有一段足以結婚之感情，即使結婚亦感情淡薄。

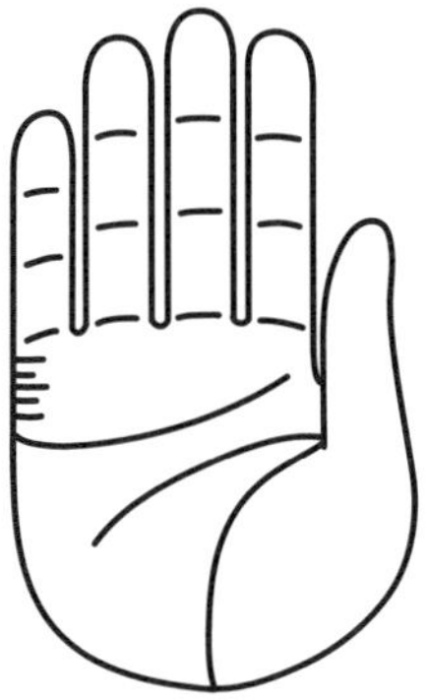

婚姻線短

婚姻線淺代表其人無結婚之觀念，勉強結婚，只會落得離婚收場。

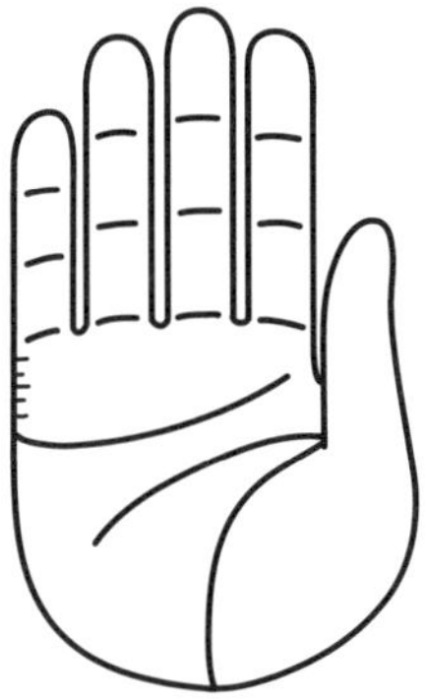

婚姻線淺

婚姻線有島紋代表感情有障礙。如島紋在起點代表能衝破障礙，最後獲得美滿姻緣；如島紋在線尾則不能衝破障礙，最後分手收場。

島紋在起點

島紋在終點

婚姻線開叉，代表婚後意見不合或各居異地，惟異地姻緣無礙。

婚姻線開叉

婚姻線下垂或向上皆主婚後感情或身體不佳。

婚姻線下垂

婚姻線向上

掌形知愛情

不同掌形之人，標記着不同之性格。

原始型掌——手掌厚大而粗硬，指短，掌紋少，此種掌形的人只注重個人之物欲、色欲享受，缺乏高深的思想。由於其性欲旺盛似原始人，所以與這種人拍拖大多乏味，無新意，事事一板一眼，但此種人能負起養家之責任，刻苦耐勞。

方形掌——這種掌形掌方而闊，指頭略帶方，似一個四方形，故名「方形掌」。方形掌之人做事一板一眼，不愛變通，對愛情亦一樣。若你跟他一起以後，他會全心全意對待你，但缺點是一板一眼，生活難免略為沉悶。

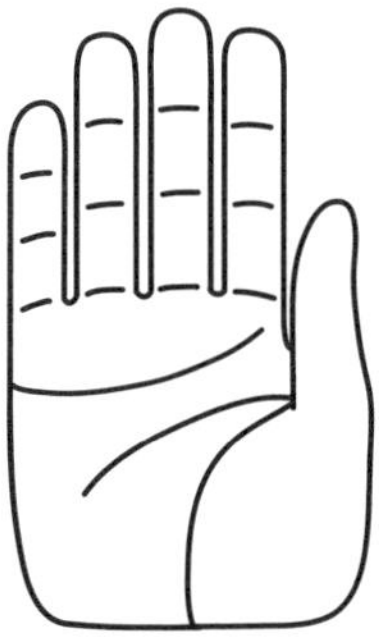

哲學型掌——手掌較方，厚薄適中，掌略軟，肉薄，特徵是手指起節，指縫疏。此掌形的人好分析，事事尋根究柢，對愛情負責任。其人雖偶有驚喜，但對性欲追求不熱切，喜追求精神上之滿足。

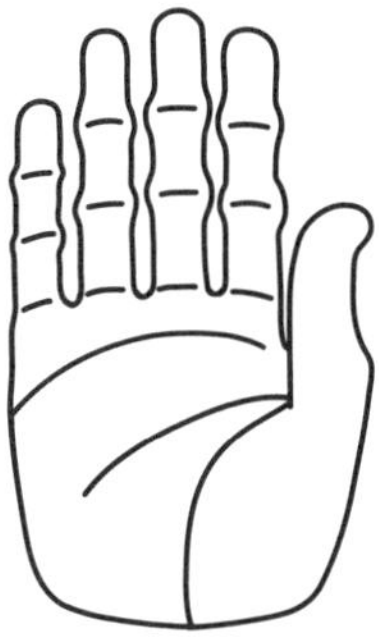

圓形掌——掌厚而圓，肉厚而有彈性，掌色帶紅，手指肥而成圓錐形狀。得此掌形者，為人圓滑，好花言巧語，異性緣佳，愛幻想，偶有藝術才華，但不免易有桃花紛爭。

幻想型掌——與哲學型相似，但更長，手指更幼，似雞爪手一樣。此種人大多愛幻想，不切實際，實行力不足，遇有喜歡的人亦不敢付諸行動，最終容易孤獨終老。

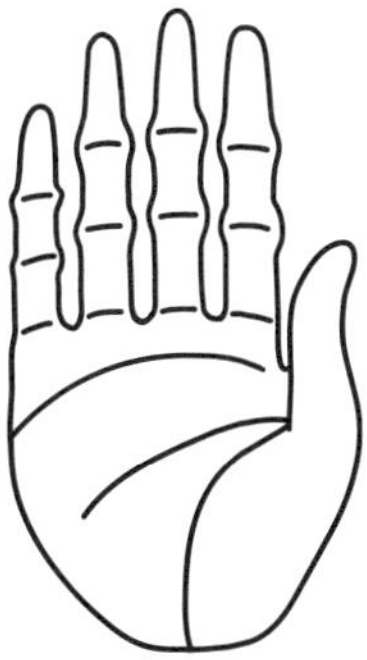

尖形掌——尖形掌掌窄而指尖，掌形薄，手指瘦而不露骨，掌帶紅，亦有帶白。尖形掌為思想性之掌形，為人敏感，易受愛情所感動，但依賴性強，且為人怕醜，屬受保護型，故以女性居多。

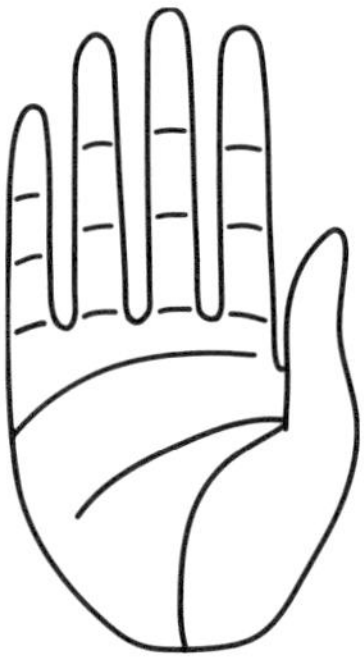

除手掌形以外，手指亦可顯示不同之個性——如拇指長代表有決心，但過長過大則有虐待傾向；食指長愛發施號令；無名指長，易遷就別人；尾指長則疑心重。

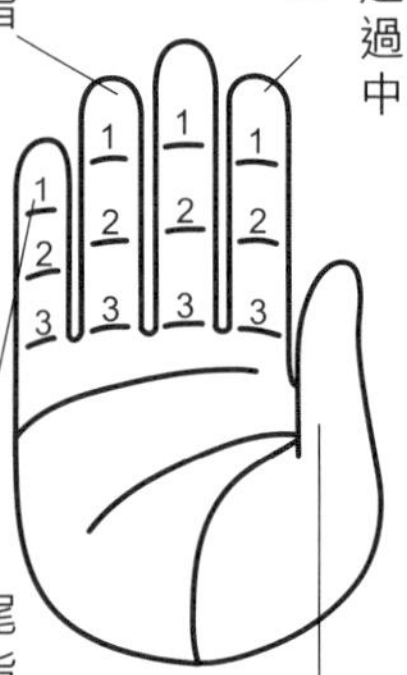
食指長度以超過中指第一節為佳
無名指與中指接近為佳
拇指長度以超過食指第三節中線為佳
尾指長度以超過無名指第一、第二節之中線為佳
1
2
3

旺夫相

旺夫相即天生一副福相，代表嫁給老公之後，老公自會平步青雲，一生不用憂愁，可坐享其成。

額——額形要略高而闊，飽滿，主少年運佳，丈夫早有成就。忌低，主少年運差；忌過高，主剋夫，無夫緣。

髮——髮幼而軟，代表思想優美，溫柔，易遷就丈夫，不會作無謂爭吵，感情自佳。

眉——眉毛要整齊優美，因眉頭代表感情，眉尾代表思想，眉毛整齊則思想清晰，感情穩定，不會給丈夫帶來無謂之煩惱，讓丈夫能專心工作。

顴——兩顴要略高而有肉包裹，因顴高而有肉者能旺夫，又女人最忌兩顴露骨。

嘴——嘴形略細，唇色要紅。嘴形細能守本分，以夫為主。唇色紅則血氣暢順身體好，亦為貴相之徵。

眼——眼秀長、眼珠大而有神。眼秀長為貴相，眼珠大主心地善良，眼有神則思考清晰、有決斷力，少無謂之煩惱。

鼻——鼻樑要長、直而略高，惟不能過高，因過高則夫緣不佳。鼻為夫星，鼻樑高直而長，主一生能享夫福。

面——面形要圓，面圓之相，一般福分較佳。

下巴——下巴圓厚或下巴兜代表晚運享通，子女緣厚。

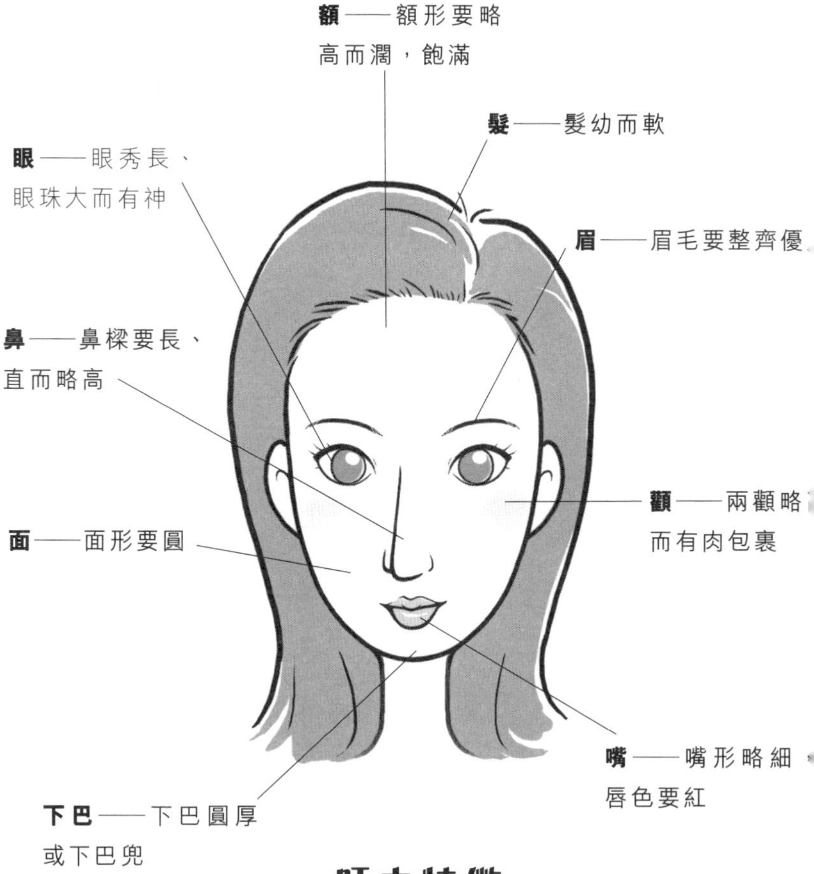
額——額形要略
高而潤，飽滿
髮——髮幼而軟
眼——眼秀長、
眼珠大而有神
眉——眉毛要整齊優
鼻——鼻樑要長、
直而略高
顴——兩顴略
而有肉包裹
面——面形要圓
嘴——嘴形略細
唇色要紅
下巴——下巴圓厚
或下巴兜

旺夫特徵

幫夫相

幫夫相與旺夫相有所不同。旺夫相主能享夫福，而幫夫相則要為老公操勞，幫丈夫處理日常大小事務，為較能幹辛苦之相。

得幫夫相者，個人能力一般較佳，但夫運平平，每事皆要自己代夫作決定，才能達致成功。

面——面形圓肥。面形圓肥的人與周遭的人之溝通較佳，能接納別人之意見，得貴人之助。

額眉——額角不平，髮腳稍低，但眉頭較闊，印堂平滿者，雖然智慧一般，但有逆境求生之能耐，且心胸廣闊，不拘小節，不會斤斤計較。

鼻——鼻樑低，兩顴高而有肉。鼻樑低難享夫福，但兩顴高而有肉則能幫夫助夫，又能以老公為主，不會妻奪夫權。

嘴——嘴唇厚而嘴形大。嘴唇厚重情，慎言，有食福；嘴大，膽大，於陌生環境也能應付自如，能助夫開拓新事業。

下巴——下巴圓厚，腮骨有力（闊）。下巴圓厚晚運佳，能得財富；腮骨有力代表可在惡劣環境下抵抗失敗，衝破困難，最終達致成功。

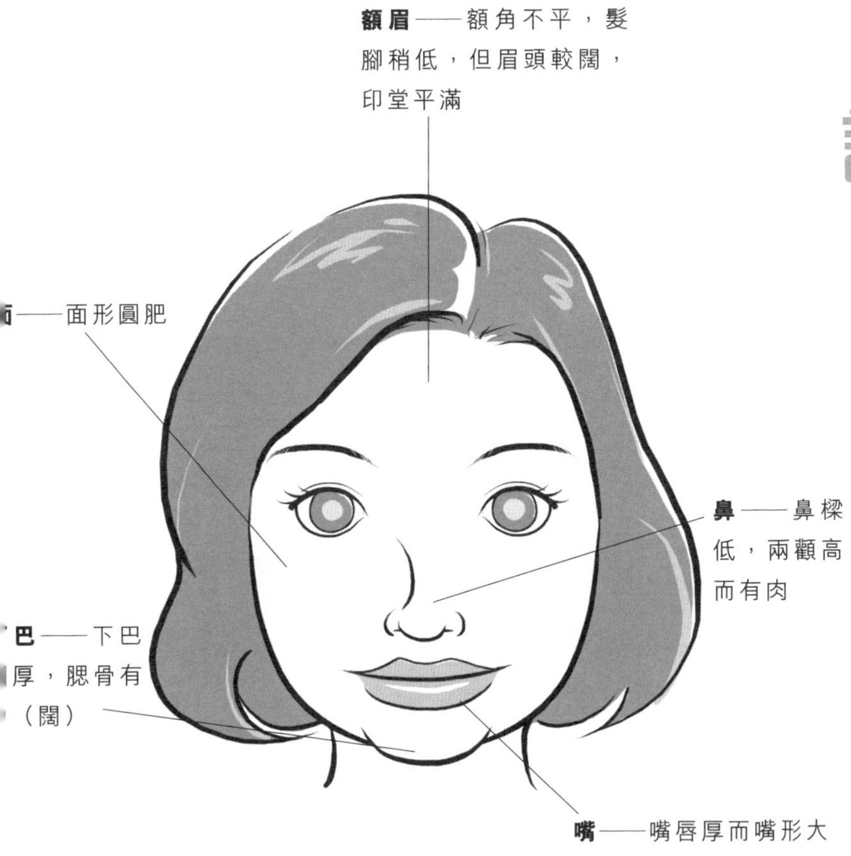

額眉——額角不平，髮腳稍低，但眉頭較闊，印堂平滿
——面形圓肥
鼻——鼻樑低，兩顴高而有肉
巴——下巴
厚，腮骨有
（闊）
嘴——嘴唇厚而嘴形大

幫夫相特徵

富貴龍鳳配

有些人天生能享夫福，有些人則夫憑妻貴，原來這在面相上是有特徵可看的。

妻憑夫貴相

代表能花老公錢，享受丈夫帶給自己的名譽財富。

顴高鼻樑直能花老公錢——鼻在女性面上代表丈夫，鼻樑高直而長代表其夫多為專業人士，有一定之社會地位。若再配上兩顴高而有肉，則代表夫運綿長，且老公慷慨大方，錢任你花，為一生富貴之相。

鵝蛋面而不露顴骨——面圓天生是享夫福之相，如能配上顴高而有肉則更能幫夫旺夫。

下巴圓厚有肉——下巴圓厚有肉為享受型，能享老公、兒女之福。但下巴圓不能配細鼻，因鼻細必夫緣不佳，即使下巴圓厚有肉亦無用。

眉清目秀——眉清即眉毛幼而見眉腳連綿不斷，目秀即眼睛黑白分明，有神而眼形略帶長。有此必為貴相，丈夫必有名氣地位，而自己亦易得名氣地位，為夫妻同富貴之相。

唇紅齒白——男相重精神，女相重氣血，唇紅齒白代表血氣足，身體好。因唇紅齒白為高貴之相，故必能嫁得有名氣地位之夫。

鼻樑低但兩顴高而有肉——嚴格來說，此相不算妻憑夫貴之相，因此相為幫夫相，必為老公操勞。但此相如嫁給一個離過婚的人則一生改寫，能享夫福，且能帶旺所嫁之夫，令子女緣更佳，晚年安樂。

孩子鼻——鼻頭翹稱之為「孩子鼻」，主其人不宜嫁正常之夫。如嫁年齡大十年以上之夫，則夫緣佳，得丈夫之愛護照顧，一生無憂。

相掌篇

夫憑妻貴相

即一生能得其妻之助，發展其事業，每遇難關都有老婆出手相助。

眉粗濃而長——男性眉粗濃代表一生有異性緣，既能得異性之助，亦能得妻助，且一生宜與異性共同發展其事業。

面圓有肉——面圓代表一生有貴人之助，且異性緣佳，如加上顴骨有肉不低則必得妻助，無論事之大小，其妻必能一一妥善處理。

下巴有肉兩顴高——代表中晚年好，妻兒子女緣厚，得賢妻而有助力，子女亦佳。

孤峰獨聳——鼻為妻星，鼻高直而長，必得賢妻。孤峰獨聳代表鼻形比例較大，而鼻大代表其人固執，自尊心強，難與人相處，朋友子女緣分皆差，只有老婆一個對他最為欣賞，妻緣獨佳。

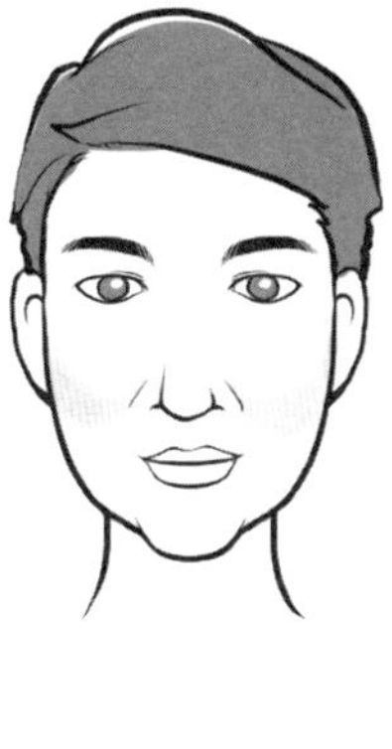

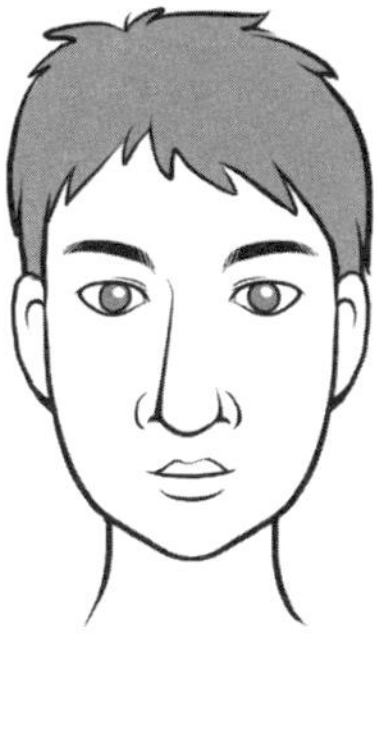

偷情男女

偷情男女在社會上無處不在，有人偷情是為了追求刺激，有人是為了性需要，有人則是不甘寂寞，林林種種，不一而足。現將偷情男女之特徵列出如下，如閣下擁有愈多以下之特徵，便愈容易成為偷情男女。

上下唇厚——上唇代表情，下唇代表欲，上下唇皆厚代表情欲旺盛。

上眼瞼浮腫——性需要較強烈。

鼻長而大——鼻在男性面上代表性器官，鼻長而大代表其人對性有熱列的追求。

眉彎而散——眉彎好幻想，眉散智力不足，好幻想而智力不足，往往容易跌落感情陷阱而不能自拔。

眼秀長帶淚水——一生愛獵色，表面表現風流，其實為人下流，愛耍手段令對方跌落其陷阱之中。

眼圓而大——思想天真，對感情追求熱切，但常把感情與性愛混淆，以致成為偷情男女。

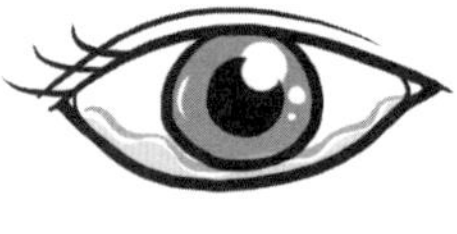

鼻樑低——女性鼻樑低難有夫緣，且一生容易碰到已婚之男士對她展開追求，最後成為偷情男女。

面大鼻小——為二奶鼻，一生愛追求現成之好處，每喜結交有事業成就之異性。可惜事業有成者大多已婚，結果成為偷情男女。

眼帶淚水——女性眼帶淚水為常有三角關係之桃花眼。不論自己有桃花也好，對方有桃花也好，都易成為偷情之高危一族。

頭髮鬈曲——頭髮鬈曲之人有較強烈的性需求，其人每每難以忍受孤獨之生活，故特別容易於另一半外遊之時，成為偷情男女。

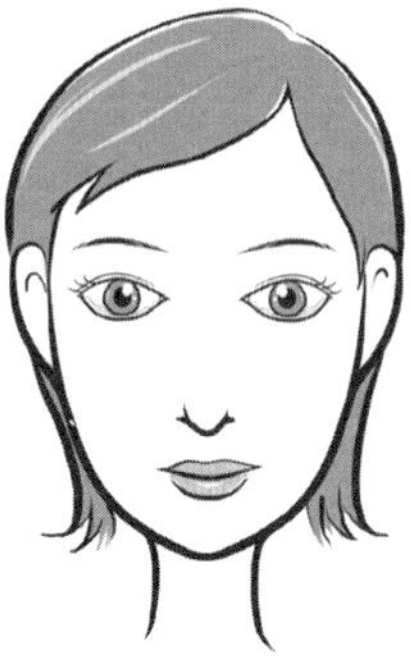

手掌基部肥厚——手掌邊之基部為太陰丘，代表幻想，故太陰丘肥厚代表愛幻想，尤以性幻想方面為甚，又太陰肥厚亦代表性能力較強。此外，大拇指基部為金星丘，金星丘飽脹同樣代表性能力較強。同時，金星丘飽脹代表其人有愛心，但難以單獨生活，所以一定要有伴侶在身邊，不能忍受孤獨之生活。因此，如金星丘、太陰丘同樣飽滿，則在心理上、生理上對性之要求均特別強烈，以致容易成為偷情男女。

眼肚有桃花線——眼肚有桃花線，一生桃花重，易受異性之誘惑。

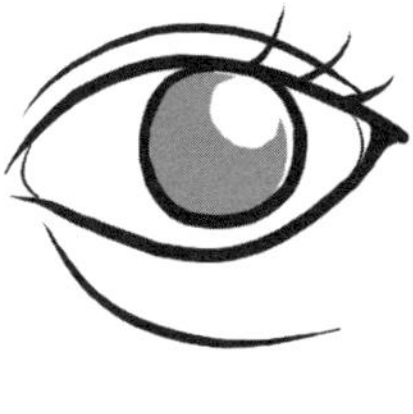

眼有魚尾紋——魚尾紋又名「剋夫剋妻紋」，代表夫妻緣不佳，感情不佳，身體不佳，以致夫妻難以白頭偕老，易有婚外情。

下唇特厚——性欲特強而理智不能控制，最終為滿足個人性欲，唯有偷情。

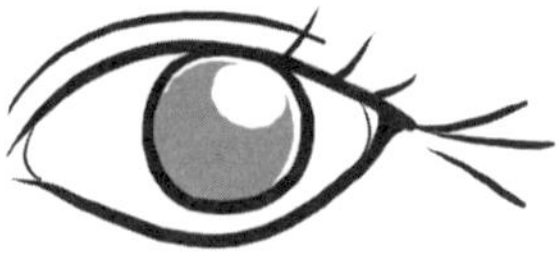

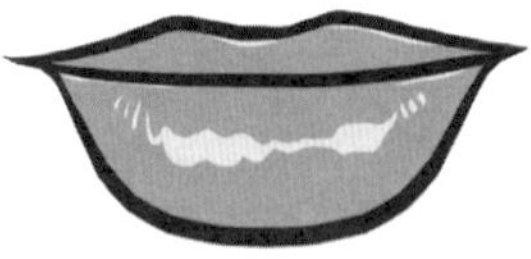

花心蘿蔔有樣睇

花心之相原來又分成「命帶桃花」、「口不對心」、「天生花心」和「鹹濕膽小」。

命帶桃花型

這種人並非花心，但天生有桃花，易得異性之愛護。又因其天生多情，對感情拖泥帶水，加上難以抗拒異性之誘惑，終致一生不能自拔。

特徵一、眼白帶粉紅——被稱為「桃花劫」之「桃花眼」，為拖拖拉拉型之桃花眼，尤以男性有此眼居多。有此桃花眼者即使平時怎樣決斷英明，只要在女性身邊便會方寸盡失，毫無主見。又此眼一遇女色之誘惑便難以抗拒，尤其是三十五至四十歲行眼運之時，必會出現一段非常重之感情。如此時尚未結婚當然皆大歡喜，但如當時已婚則必會造成桃色是非，影響家庭事業。

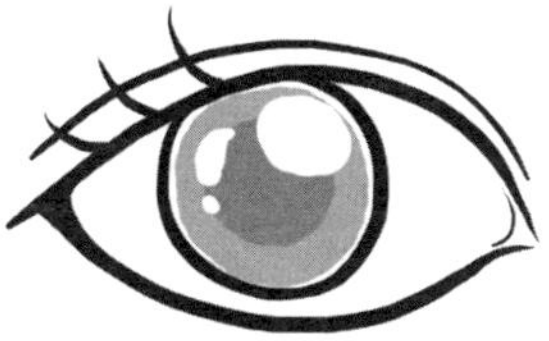

特徵二、眼肚下有桃花紋——這是桃花線，代表天生桃花重，能得異性之愛戴，由愛慕變為愛情。

特徵三、眼大眼珠大——為天生桃花相，又此相不論男女皆異性緣厚，一生桃花不斷，但女性有此眼亦為感情不定之徵。

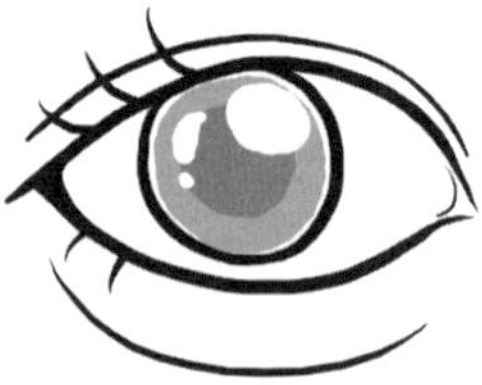

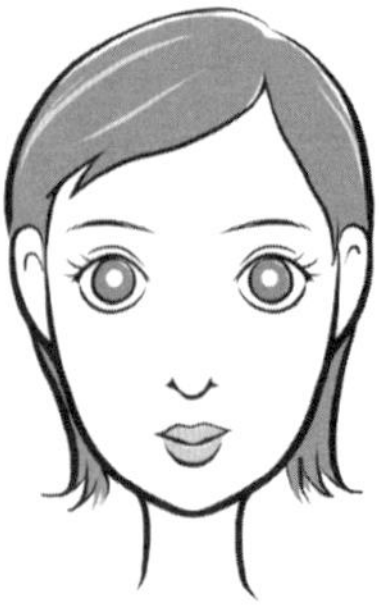

口不對心型

這種人天生口不對心，言語不實，為達到目的，不惜花言巧語，但過後又可能覺得對方不夠理想，結果得手後便拋棄。

特徵一、嘴歪——不論平時嘴歪或說話時嘴歪皆入此例。嘴歪之人天生言語神經有問題，對任何事都容易輕下諾言，但過後又會忘記，對人如是，對感情亦如是。

特徵二、牙歪或門牙有縫——牙疏之人言語不實，每多虛言，油腔滑調，大話連篇，專用甜言蜜語來欺騙異性，男女如是。

天生花心型

天生花心型不能忍受只維持一段單一之異性關係，有見一個愛一個之性格，又此種人不論感情，只以佔有對方為目的。

特徵一、眉彎而散——眉彎之人愛幻想，眉散則智力不足。此種人對愛情有幻想，不現實，未必能忍受長久之異性關係。所以，他們每維持一段短時間便覺沉悶，要再找新的刺激。

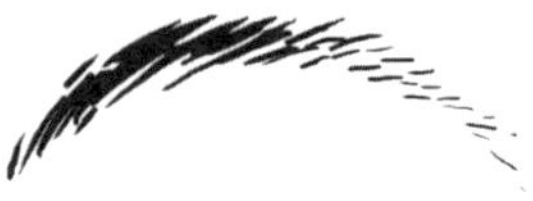

特徵二、眼形秀長但眼帶淚水——為天生花心型，代表一生喜歡到處主動結交異性，而且喜歡到風月場所接近女色，對性愛視為等閒，不重視愛情。

特徵三、目露兇光——眼惡者情多薄，不只對男女感情如此，對人亦如此。事實上，女性對他來說可能只是一個洩欲之對象，根本不會談到感情。

鹹濕膽小型

這種人又好色，又膽小，又怕老婆，又喜歡偷偷摸摸外出獵色。

眉毛濃密、粗且雙目無神——眉毛粗代表對性之幻想重，雙目無神則主膽小，所以其人最喜歡假借和朋友外出來結識異性。但在結識到之後，他們又會因怕老婆知道而不敢作進一步行動，為有膽想無膽做之輩。

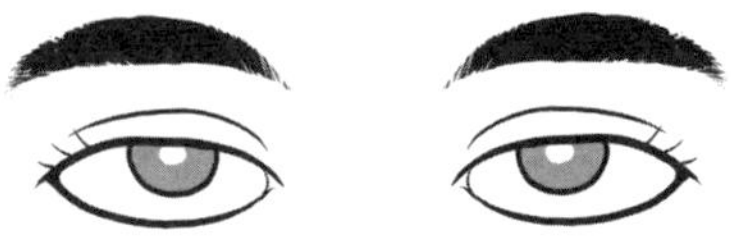

虐男惡女

男怕惡妻，女怕惡夫，但要如何避免遇上呢？就要參考此篇了。

惡男虐妻相

一、**前額低窄**——前額低主為人固執，前額窄則代表其人缺乏分析能力。試問一個固執又缺乏分析能力的人，你要如何與他溝通呢？所以遇到溝通不好之時，就每易用武力解決。

二、**眉骨過分凸露**——眉骨過分凸露者，為人性格衝動，較不能控制自己的行為。

三、**眉毛粗豎**——眉毛粗豎，其人智力不足，思想混亂。

四、**眼神兇惡**——相書有云：「眼惡者情多薄。」

五、**顴骨橫凸**——性格衝動又不能自控。

六、腮骨橫張——腮骨橫張成耳後見腮，主其人秘密性強，報復心強。

七、拇指粗長大——拇指特別粗大且長，易有虐待傾向。

八、手指短——手指特別短，代表其人性格衝動而智力不足，遇事每每衝動，而思想不能控制。

九、眼珠細——眼珠愈細其心愈狠，其情愈薄。

十、唇薄——唇厚者重情，唇薄則情薄，這種人無情時甚麼都做得出來。

以上特徵愈多，情況愈嚴重。

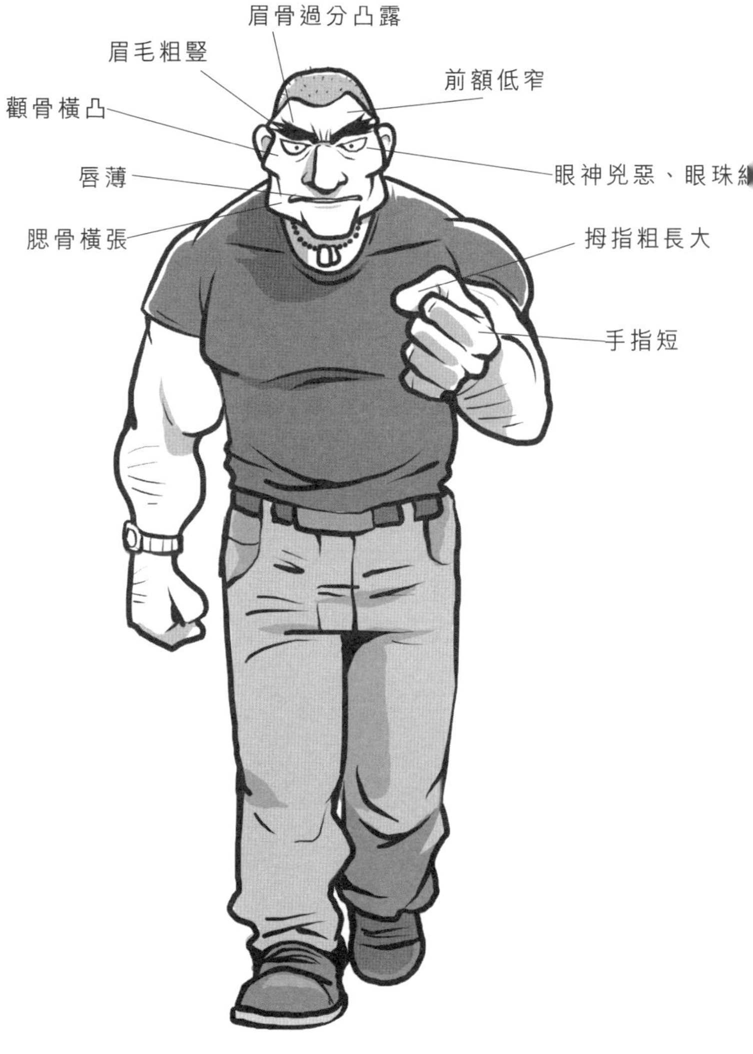
眉骨過分凸露
眉毛粗豎
前額低窄
顴骨橫凸
眼神兇惡、眼珠
唇薄
腮骨橫張
拇指粗長大
手指短

惡女虐夫相

惡女虐夫相與虐妻相的大部分特徵是相同的。

一、頭髮鬈曲、枯黃、粗硬——其人固執，知識不豐，常有不平之心。

二、額高而凸——為剋夫相，主夫緣不佳。

三、顴骨凸露——陽氣重，為人有力，與夫相鬥。

四、眼惡——報復心強，情薄。

五、眼珠特細——四白眼，即眼珠過小以致眼珠在眼之中間而四面皆被眼白包圍。主為人報復心強，記仇，狠毒。

六、眼細——眼細者每喜將事藏於心中，到一朝不能承受之時，便會脾氣爆發，報復於對方之上。

七、鼻樑起節——女性鼻樑起節，代表其人性格衝動，尤其是在二十、廿九、卅八、四十一及四十四歲。遇上感情問題時，她們總是不能控制自己的思想。

八、眉骨凸且眉毛極少——眉骨凸性格衝動，眉毛少則心狠。

九、腮骨橫張——秘密性強，報復心強，破壞力強。

十、拇指粗而長大——有虐待傾向。

十一、手指極短——性格衝動，智力不足以控制。

頭髮鬈曲、枯黃、粗硬
眉骨凸且眉毛極少
眼細、眼珠特細、眼惡
額高而凸
鼻樑起節
腮骨橫張
顴骨凸露
拇指粗而長大
手指極短

天生一對

一般人稱之為「夫妻相」，是謂其長相相似。但長相相似之夫妻相其實存在很大問題，因為長相相似，其性格必然相近，而性格相近的人每每容易產生磨擦。例如夫妻皆鼻樑高聳，代表其自尊心強，倔強，結果夫妻容易各不相讓，因而產生磨擦。所以長相相似的夫妻相較適宜當朋友，藉此互相了解；而真正相配之夫妻相其實需要互補不足。

夫妻互配指數

一、**鼻樑高配鼻樑低**——鼻樑高代表自尊心強，為人主觀，不容易與人妥協，人緣不佳；鼻樑低代表自信心不足，缺乏主見，但容易接受別人的意見及批評，而且人緣佳。所以，鼻樑低的一方往往會接受鼻樑高的一方之意見，這樣自然能夠減少磨擦，成就美滿姻緣。

二、**高瘦配肥矮**——一般身材較高瘦的人都會傾向喜歡一些身材較肥胖且比自己略矮之人，不論男女皆如是，因為這是一種補償心理。等如西方人鬈髮卻渴望有直髮，而中國人髮直卻希望有一頭鬈髮一樣，純為追求自己沒有的事物。

但又有另一種配搭是高瘦配高瘦，肥胖配肥胖，此亦為夫妻相，因其物以類聚，也適合在一起。

但高瘦配中等身材及肥胖配中等身材卻易生問題，因某一方常會覺得對方不配。

三、**腮骨闊配腮骨普通**——腮骨闊則不論男女皆代表個性強硬，秘密性強，能在惡劣環境之下掙扎生存，不易灰心失望，生存能力強。但當兩個都具有這種性格的人走在一起，就會出現各懷心事、各不相讓的情況，最後引致離婚收場。

腮骨闊之男性配腮骨不闊之女性，事事會由男方主導。

腮骨闊之女性配腮骨不闊之男性，則事事會由女方主導。

四、孩子鼻配老夫——女性鼻樑低且鼻頭微昂向上謂之「孩子鼻」，代表其思想天真，遇事每喜發問。如遇上年齡相約之配偶，對方容易覺得她太煩，因而感情不佳，不能白頭到老。反而遇到一些年紀比她大十年以上之男性，則對她的發問，每喜細心回答，又能對她細心照顧。加上年紀稍大的男性亦喜歡跟一些年青女性來往，追求失去之青春，所以孩子鼻配老夫，可謂天生一對，各取所需。事實上，有孩子鼻的人，亦會因自信心不足而喜歡跟較有識見的人在一起。

另外，髮腳不齊的女性亦喜歡年紀較大的男性，因為此種髮型代表自小無父緣，以致內心每每追求童年失去之父愛，喜歡年紀大之男人，對其細心呵護，像父親對女兒一樣，此實為補償心態。

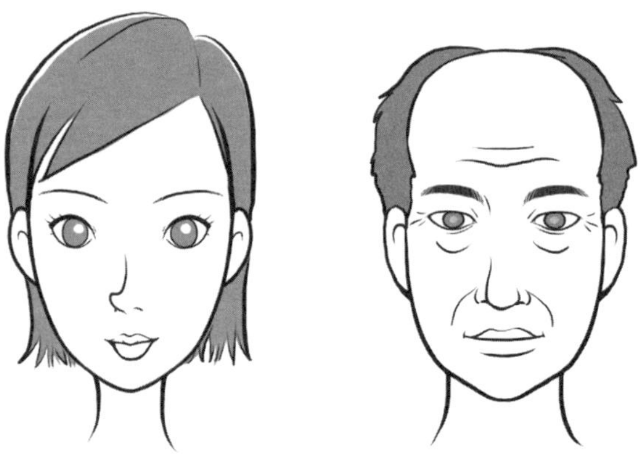

五、眉粗配眉粗——原來男人眉特別粗代表好色、膽小、怕老婆，所以容易遇到惡老婆，但不惡他又不會喜歡，且眉毛眉形粗黑之男人容易配上一個差不多年紀或比自己年紀大之女性。

女性眉粗則具男子氣慨，喜交際應酬，置丈夫於不理。此種女性每每會容易遇到年紀比她較小之男性，對她言聽計從。

所以男性眉粗配女性眉粗亦為天生一對。

六、口大配口細——口大膽大，口細膽細，口大之人做事每喜主動，不害羞，易於新環境認識新朋友；口細則膽細，所以不易適應陌生環境，做事既不主動，且每將所想之事藏於心中，為人較小心眼。因此，口大之主動性配口細之被動性可謂天生一對。

七、女性髮腳低配老夫——女性髮腳低，大多與父無緣。由於她們自少失去父愛，所以其尋找另一半時，常希望能夫兼父職。如配正常大三數年之對象，往往會覺得對方對自己不夠關心，大多不能維持。如配大十年或以上之配偶，則因對方年紀較大，對自己較為忍讓，而得美滿姻緣。

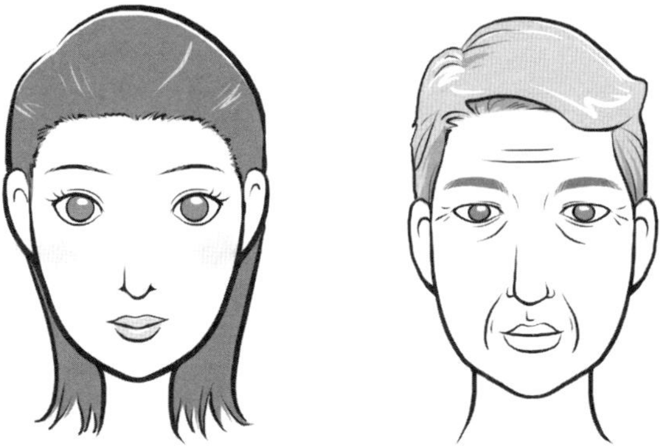

八、鼻細配已婚者——女性的鼻形與面形相比時，比例特小者，稱為「二奶鼻」。鼻形細小顯示其人缺乏自信心，每喜依附一些有事業成就之人。又事業有成者大都已婚，故在無可選擇之下唯有做「二奶」，但亦能得美滿關係。相反鼻細者做人正常老婆，大多姻緣不佳，夫無助力，離婚收場。

剋夫剋妻相

男性剋妻特徵：

一、**頭髮天生枯黃**——為人粗魯，脾氣差，乃陽氣過重之象。

二、**眉骨凸而眉毛粗亂**——眉骨凸為衝動之相，眉毛粗亂則思考能力不足，兩者皆為陽氣過重所致。

三、**眼兇惡**——眼神內歛為陰，眼神外露為陽，眼惡即眼神過露，亦為陽氣過重之徵。

四、**顴骨橫張**——顴橫眼凸，兇惡至極，亦為陽氣過重之徵。

五、**鼻樑高而鼻骨凸露**——鼻樑高已經陽氣旺，加上鼻骨突露，恐有過旺之象。

六、**上唇突出覆蓋下唇**——上唇為陽，下唇為陰，上唇覆蓋下唇為陽勝於陰。

七、**上排牙齒突出覆蓋下排牙齒**——亦為陽勝於陰之相。

相掌篇

如有三種上述之特徵，宜多加修養，以收其心，望能增加平和之陰氣，否則陽勝於陰，婚姻終難維持長久。

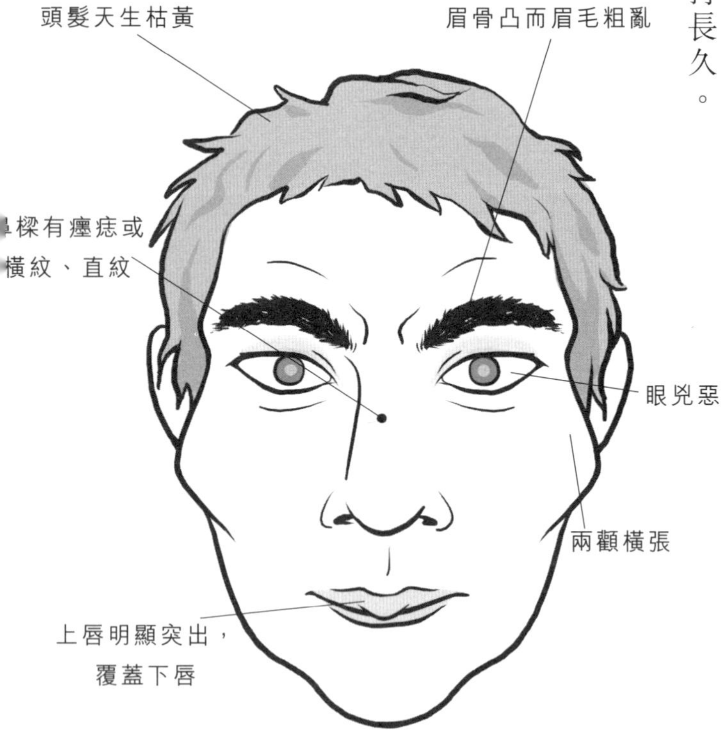

女性剋夫特徵：

一、**頭髮枯黃**——髮為血之餘，又陽氣過重，火氣過旺，會令頭髮焦黃。而頭髮濃密而鬈曲，亦為陽氣重，血氣過旺之象。

二、**眉骨凸加無眉**——眉骨凸，性格衝動；無眉，心狠，亦為陽氣過重所致。

三、**顴骨凸**——配上額高闊，稱為「三顴面」，代表妻奪夫權，亦為陽氣過重之象。

四、**面上唯獨顴骨帶黑斑**——為剋夫之相，丈夫易得肝病。

五、**鼻樑明顯起節**——即鼻骨中間明顯突出，且鼻樑呈彎曲狀，此亦為陽氣過重之象。

六、**下唇突出覆蓋上唇**——亦為剋夫之象，因下唇為陰，上唇為陽，代表丈夫陽氣不足，身體較差。

七、**下排牙齒突出覆蓋上排牙齒**——亦為剋夫之象。

有以上三種特徵者可稱為「剋夫剋妻相」，宜配一些不正常姻緣——男性宜與一些比自己年紀大或細十年或以上，或異地結緣，或曾結婚之女性結合，可解剋妻。

女性則宜嫁一些年紀比自己大十年以上、同年或以下、曾離婚或在異地結緣之男性。

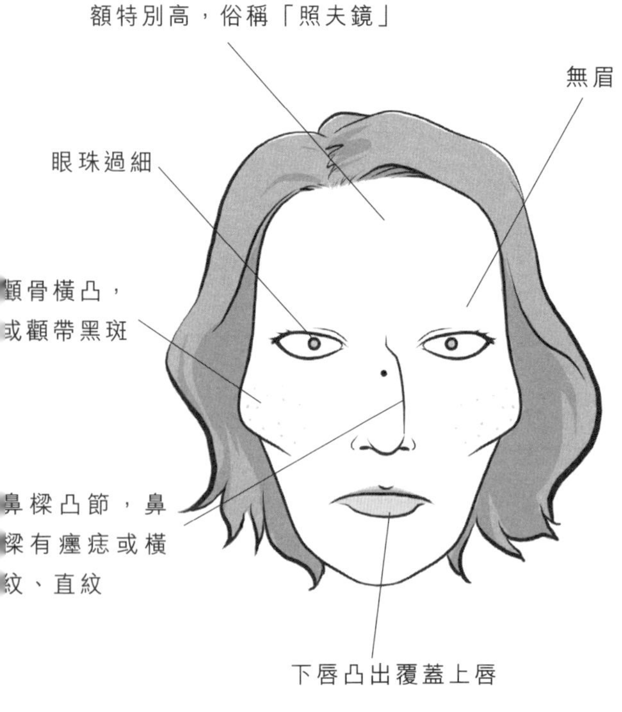

異地情緣有樣睇

在東方長大，嫁給歐美國籍男士的女性，其面相大多有跡可尋。但本身在外國長大，其面相有一點似外國人的則不在此限。

中國人認為面相有剋夫特徵的人，嫁給異族人會較嫁給本族人幸福，而剋夫相的特徵就包括前額高廣而凸、顴骨大而凸露、鼻樑低、腮骨闊大或下巴尖削。這種面相的人嫁給本地人的話，大多離婚收場，甚至夫壽不長。但如嫁給外國人，反而會婚姻幸福，且其夫大多有一定之地位、財富。

歐美社會與東方社會不同，其民族性亦有異，因東方男性鼻樑較低，其氣較弱，而剋夫相之女性其骨顯露，陽氣過盛，所以東方男性往往不能承受其氣。相反歐美男性之鼻樑較高，輪廓亦較為分明——腮骨顯露，陽氣較重，且因鼻樑高、長、直，故其陽氣必較剋夫相之女性強，所以剋夫相又為異地情緣相。

女性異地情緣之五種特徵

一、**額凸顴高**——前額高而凸，兩顴大而顴骨凸露，古稱之為「三顴面」，其相最為剋夫。但因此種輪廓近似外國人，且為外國人眼中之美女，故較易結下異地情緣。但對東方人來說，這種輪廓一點也不漂亮，因這種相格被中國人稱之為「三嫁而未休」。不過，如嫁予外國人的話，不但不會剋夫，而且夫婿會有一定的財富與地位。

二、腮骨顯露——在中國相學中，腮骨顯露往往被視為難得美滿姻緣之相。即使能維持長久的姻緣和關係，亦大多不能靠夫，更遑論享夫福。此類女性天生能幹，有堅忍之意志，能衝破惡劣的環境，開創生機。但因其本身陽氣過盛，往往會把老公壓下來，以致最終不是靠自己持家便是離婚收場。但這種面相的人嫁予外國人反而能得幸福美滿之姻緣，因歐美女子腮骨大多闊大橫張，男性亦然，所以對他們來說，女性剛強堅忍，反而值得欣賞。

三、下巴尖削——下巴代表家，下巴尖削代表不喜歡呆在家裏，喜歡整天在外左鑽右鑽，常往外地遊山玩水，所以結下異地情緣的機會相對較高。但這種異地情緣不一定是嫁歐美人士，嫁給東南亞

各地之中國人亦可。但此種面相如嫁給本地人，除非丈夫亦喜歡遊山玩水，或同為下巴尖削之輩方可白頭到老，否則其婚姻實難以長久維持。

四、鼻樑扁平加單眼皮——鼻樑扁平加上單眼皮，為典型之中國娃娃look——正所謂物以罕為貴，歐美之女性大多鼻樑高直甚至乎有點過大，又雙眼皮甚至乎多重眼皮者都較多，故遇上鼻樑扁、單眼皮之女性時，往往會驚為天人，覺得此種面相很有個人風格，甚至覺得是美女一名。所以鼻樑低加單眼皮之女性如果未能在出生地覓得如意郎君，不妨去歐美等地一碰運氣，說不定能得到一段美好姻緣。

五、長長有直髮——與鼻樑扁、單眼皮一樣，因歐美人士大多曲髮，故非常羨慕中國人有長長直髮，此亦為補償心態。因此，常會碰見嫁給外國人之女性束着一把又長又黑之秀髮。

如以上五個特徵有其二，結下異地姻緣之機會已相當大。如五個有其三，就更加不用多說了。

男性異地姻緣相

男性能得異地情緣之相格特徵不多，且有此特徵亦不一定有異地情緣，只是較易得異地女性垂青而已。

一、**鼻樑高挺、顴骨凸露**——鼻樑高且挺者，為人有男子氣概，即使遇上較為自我中心的異地女性，亦能令對方佩服自己，暗中傾慕。而且顴骨凸露看上去比較輪廓分明，故較易被歐美之女性接受。

二、**眼下陷、一字眉**——眼睛凹陷的人，家庭觀念一般較為薄弱，容易自小離家，個性獨立，與歐美人士的觀念較為接近，因而較易適應外地生活。

至於一字眉，則其人決斷力強，說一是一，說二是二，遇事又不容易退縮，所以這種個性的人，較敢於追求不同民族之異性。

三、**眉眼距離窄、腮骨橫張**——眉眼距離窄與眼睛下陷相同，都代表家庭觀念薄弱，容易自小離家，相對較易認識到異地情侶。腮骨橫張則個性堅毅，忍耐力強，遇事不退縮，這種個性亦易得女性之垂青。

富貴由天

做乜有樣睇

五行五形即金形、木形、水形、火形及土形。這五種面形各有特徵，適合不同之工作。如找對工作類型當然事半功倍，找錯類型雖不至徒勞無功，但也倍加困難。

金形人

特徵——面形帶方，腮骨橫張有力。面色帶白為正金形，面色帶黑為金形帶水。

適合行業——適宜從事運動、武術、軍政、警察等冒險性工作，而出賣勞力之人亦多有此面相。形格配合得宜者自有一番成就，配合不宜則勞碌一生。

佳相——眉骨凸、眉粗配眼有神，少年起運（三十歲至四十歲）。鼻樑高直或有鼻節凸起，配兩顴顯露則中年運佳（四十歲至五十歲）。

劣相——眉骨凸，但眉亂，眼無神，甚至長滿紅筋。鼻形不端正、高削或歪。如兩顴凸露無肉包裹，則一生難有大成就，多為勞碌一生之相。

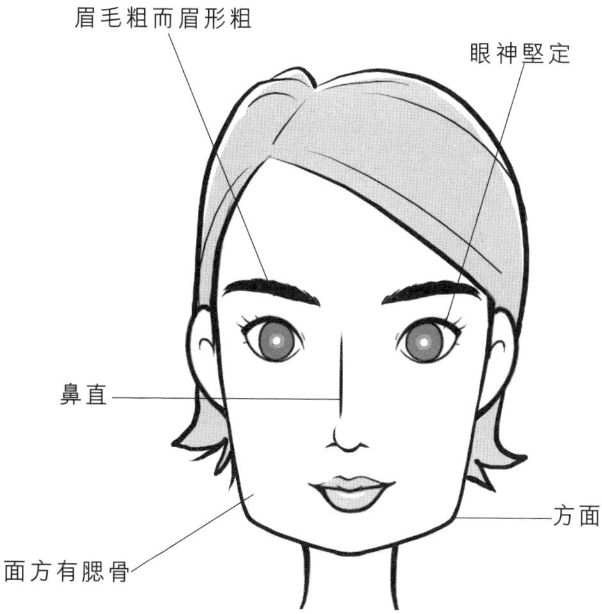

木形人

特徵——面長而瘦或額闊下巴尖，面色帶青白，膊略闊，身形瘦長。

適合行業——適合從事思想性之工作，如創作、寫作、律師、文學家、發明家、哲學家、教授、秘書等文職工作。

佳相——眉毛幼而眉形整齊，眼珠大而眼有神者，多在三十歲前已顯名。古相書有云：「少年公卿多青面（木形人）」。如鼻長直，更主中年發貴。

劣相——額闊下巴尖，但眼無神，鼻細小，此種人雖然滿腦子想法，但實行力不足，每每有思想無行動，因而浪費一生，常自覺懷才不遇。

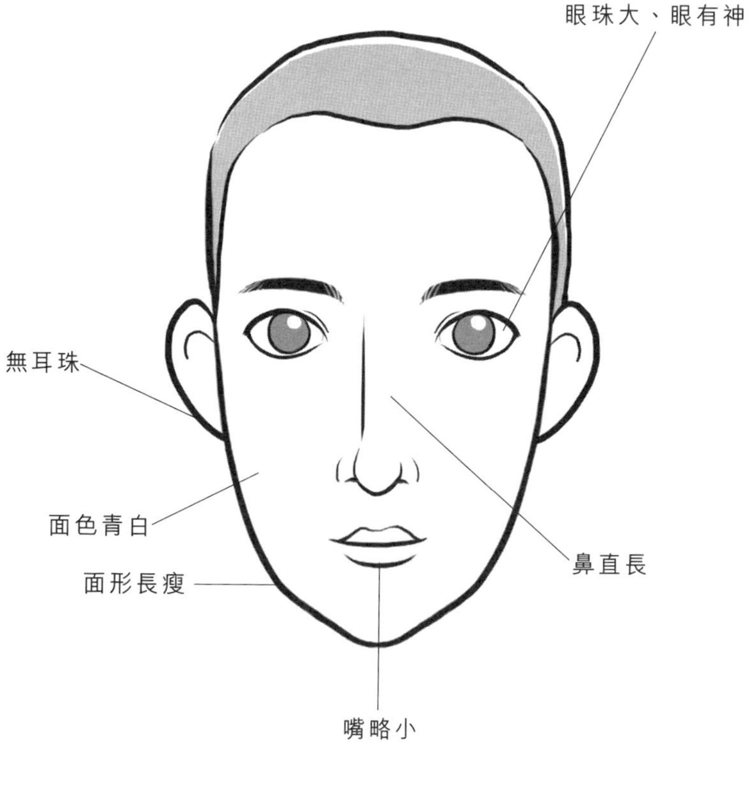
眼珠大、眼有神
無耳珠
面色青白
鼻直長
面形長瘦
嘴略小

水形人

特徵——面圓，眉形粗短，眼圓，鼻圓，鼻樑略低，唇厚，下巴闊。色黑為正水形，色白為水形帶金。

適合行業——交際應酬、公關、喜劇演員、商人、政治家。

佳相——眉毛幼而眉清，眼圓，眼珠大而眼有神，鼻細而短，鼻樑低，唇厚而紅，有雙下巴。

此種相格一生平穩而進，無大風浪，又因其交際手腕圓滑，故較少樹敵。

劣相——眉毛亂，眼神閃爍，嘴形不端者，多為販夫走卒，一生平平，無大建樹，但也不失為衣食豐足之格。

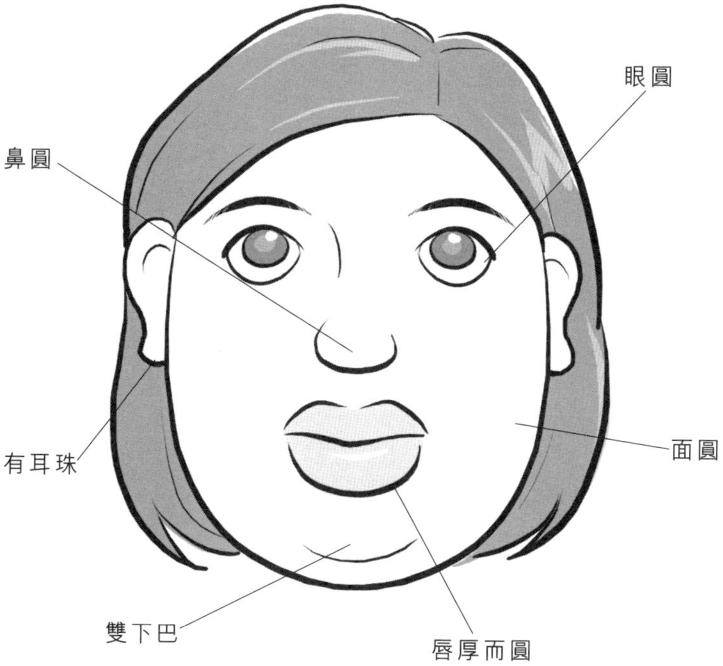
眼圓
鼻圓
有耳珠
面圓
雙下巴
唇厚而圓

火形人

特徵——面形上尖下闊，即額窄，下巴闊。此形體格強壯，不論肥瘦，面色微紅。

適合行業——軍人、警察、探險家、爆破、具破壞性質之行業。

佳相——眉骨凸，眉毛粗而整齊，眼有神，但眼白略帶紅筋，鼻樑高直或有節，顴骨顯露，嘴唇薄而緊閉。此格最大的特徵，為腮骨橫張有力，代表其人有堅毅之個性，每遇困難皆能憑其堅毅之意志衝破，因而達致成功。

劣相——眉骨凸而眉弱或無或亂，主其人性格兇狠，知進不知退，知成不知敗。另外，目露凶光、鼻高削而歪、嘴唇厚，此等特徵皆代表好勇鬥狠，忍耐力不足，因而少有成功之機會。

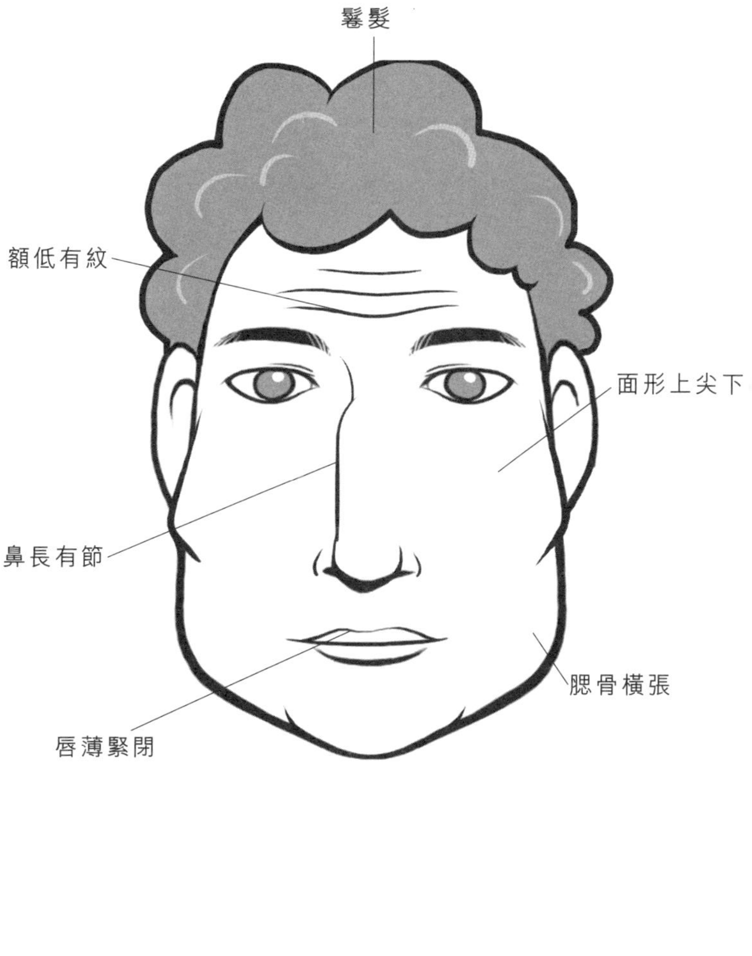
鬈髮
額低有紋
面形上尖下
鼻長有節
腮骨橫張
唇薄緊閉

土形人

特徵——面短而闊，渾圓厚實，面帶啡黃，背厚如龜，步履遲緩，言而有信，唇厚，眉毛幼而眉形闊。

適合行業——此格多從事商業發展。

佳相——眼帶慈祥，鼻有肉，面闊有肉而豐厚，有雙下巴或下巴很闊。

土形人為五種面形中最容易成為富豪的形格，此形格大多有一定之社會成就，一生運程亦佳，為平步青雲之相。

劣相——如眼神不定，鼻形不端，唇薄多言，面形不豐厚，則只能衣食豐足而已。

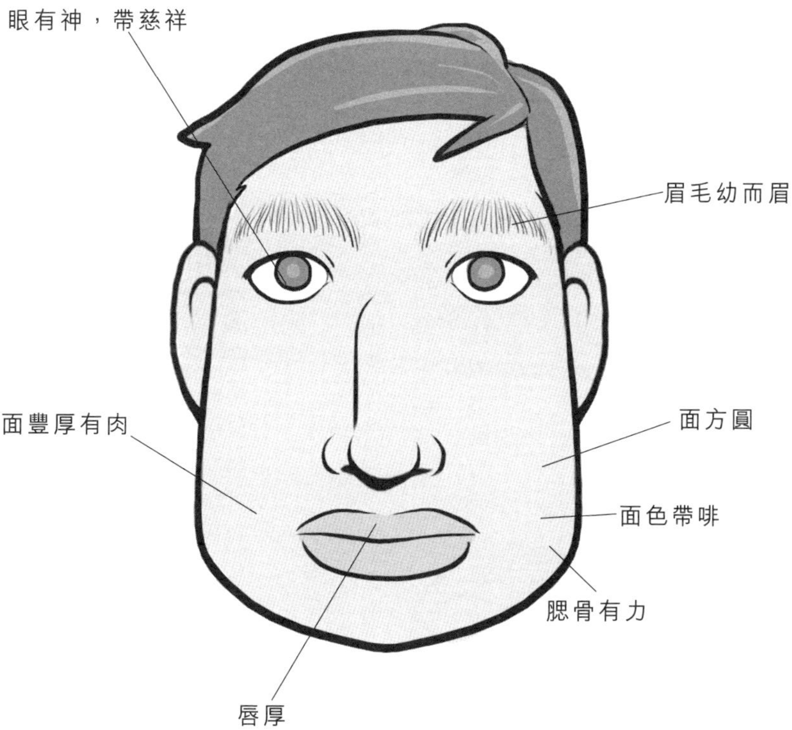
眼有神，帶慈祥
眉毛幼而眉
面豐厚有肉
面方圓
面色帶啡
腮骨有力
唇厚

橫財知多少

有人買彩票中完又中，有人則連抽獎運都沒有，到底甚麼樣的人才有橫財呢？其實這可以從掌相、面相計算其中獎機會，分數愈高，則橫財機會愈大。

有橫財命

一、**兩顴有肉**——兩顴有肉之人，易得貴人之助力。如果是以售票形式，經過他人之手而獲得彩票如六合彩、馬票等，則第三者為你的貴人，在這種情況下，你特別容易中獎。

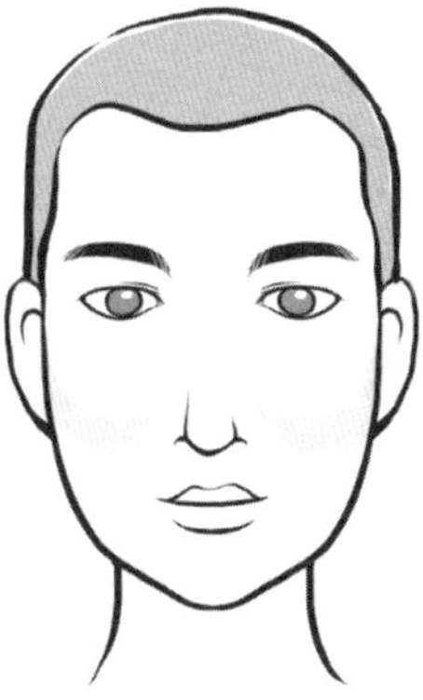

二、**鼻翼薄**——鼻頭為正財，鼻翼為偏財，鼻翼薄代表財來財去、浮動之財，所以亦為橫財格。

三、**鼻高而長直**——為貴相，主平生近貴，易得貴人扶助，長上提攜，無形中多了發達之機會。故此，這亦為易得橫財之格。

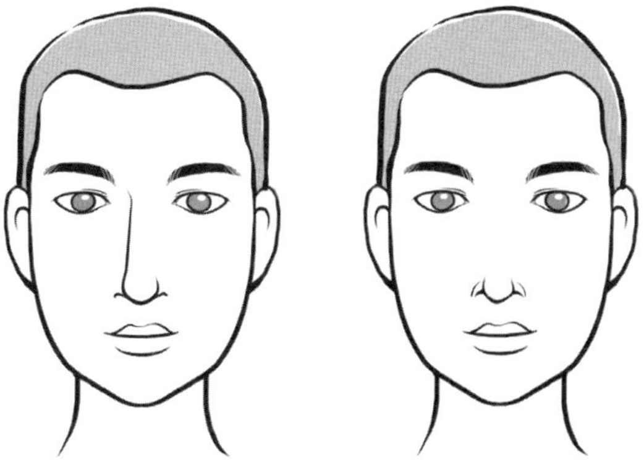

四、鼻頭略尖——鼻頭為正財，如大則無橫財，尖細則易得橫財，然鼻樑亦以長直為佳，因為世上難逢鼻短之富人（水形人除外）。

五、正常鼻形——鼻為財星，鼻形正常雖然不是橫財命，但亦有可能一時運佳，會有橫財。

六、無名指下有財運線——無名指下有條直而清楚之線，名為「財運線」，雖然不是指明是橫財，但有此線財運必佳，所以亦有橫財之機會。

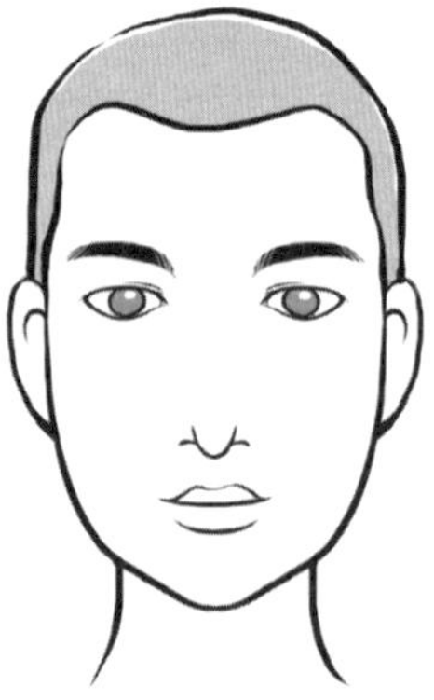

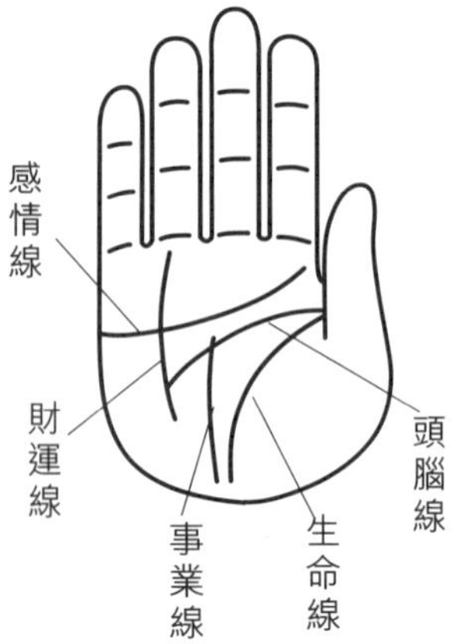

七、有橫財線——橫財線與財運線有相似之處，只是橫財線是由掌邊而出直上至無名指基部。既然叫橫財線，自然一生易得意外之財。

八、有星紋在無名指下——星紋代表一刹那光輝，亦即可幸運得財，雖然財來財去，但有橫財，此為中大獎之記號。如果有三劃交叉＊，則只能中細獎而矣。

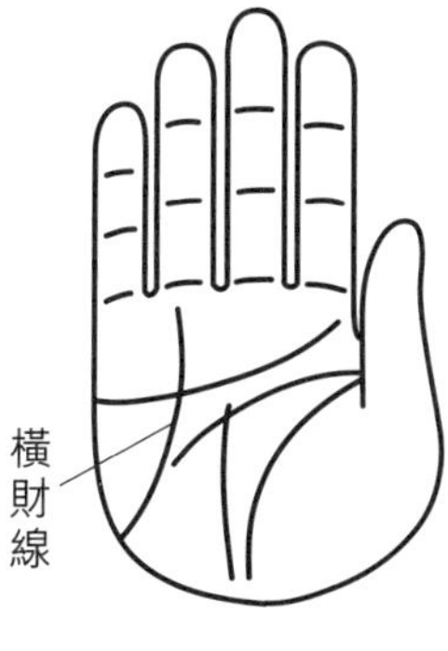

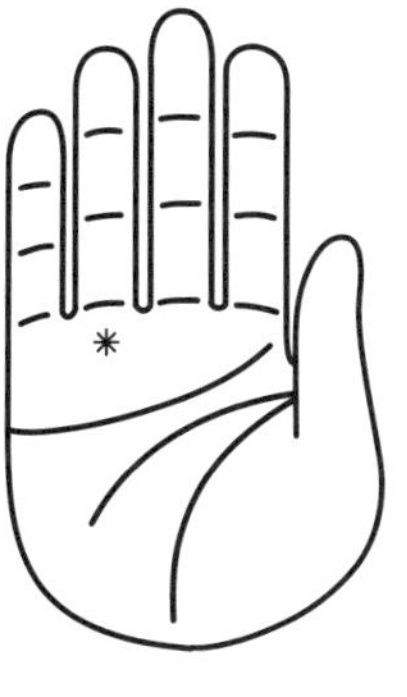

九、無名指長加頭腦線下垂——無名指長代表好冒險，頭腦線下垂則愛幻想，好冒險加上愛幻想，如不是藝術家則必然是賭徒。倘若再加上掌有財運線，則為易得橫財之格。

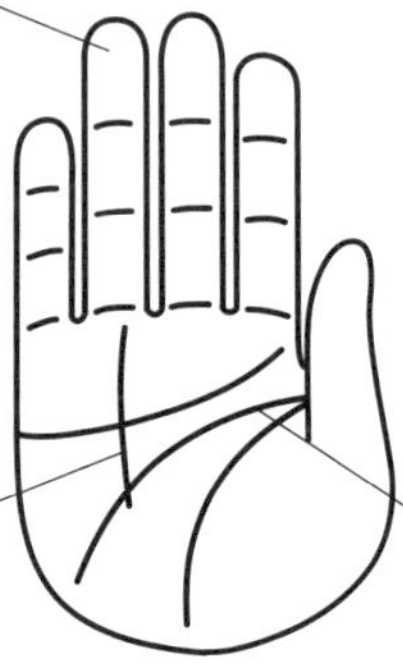

十、有橫財氣色——鼻為財星，如發現鼻頭發白氣且直透印堂之上，主短期內有橫財之象。

十一、掌心發白——掌白為舒服得財格，主不勞而獲，亦主易有橫財。

無橫財格

一、**兩顴尖削**——兩顴為貴人，尖削則貴人無力，如買六合彩亦只適宜自己選號碼，不宜假手於人。

二、**鼻特別大**——鼻大無偏財，必為正財之格，且為辛苦得財，事事要親力親為。

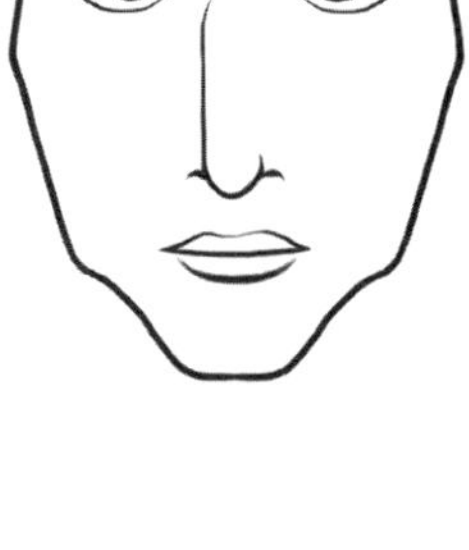

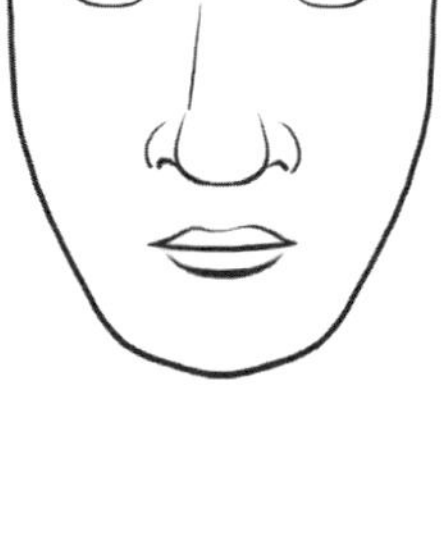

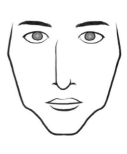

三、鼻頭圓大下垂——亦為正財之格。其人以營謀得財，善於計算，自然不信橫財。

四、掌色帶紅——為辛苦得財格，代表事事要親力親為，經一輪艱辛之後才能獲得金錢，故必無橫財。

五、掌色帶黃——不論正、偏財皆落空，因掌色帶黃為勞碌之掌，難有舒服之財。

破財格

一、**鼻頭有暗瘡**——鼻頭為正財，如有暗瘡代表破正財，即使下注亦不會有收穫。

二、**鼻翼有暗瘡**——代表破意外之財，如賭錢則不但「清袋」，還有可能欠人錢財，輸得超過自己能力所能負擔的範圍。

三、**左右鼻翼有大小高低**——為逢賭必輸之鼻，必無橫財，不賭為佳。

四、**無名指長加頭腦線下垂，但無財運線**——代表其人有冒險精神又愛幻想，可惜欠缺運氣，十賭九輸。

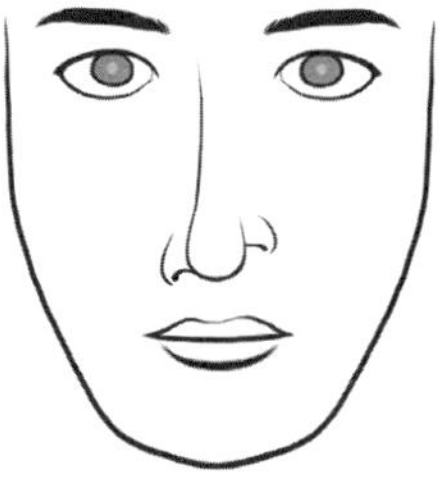

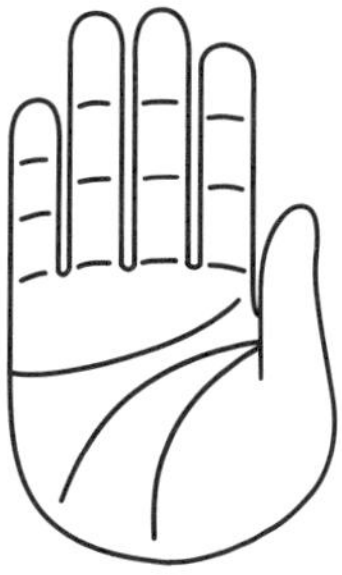

老細面色全面睇

想升職加薪，不要以為靠奉承就可以，因為在相學上，有些老闆並不喜歡被人奉承。如不想弄巧反拙，就要學習如何察看老闆的性格！

愛奉承型

一、**人中（鼻與唇之間的坑紋）短**——表示喜歡聽讚美說話，哪一個對他奉承得愈多，就升得愈快。

二、**臉圓**——喜歡時常有人伴隨，以突顯老闆的地位。那麼要面子的老闆自然愛聽奉承話。

三、**鼻樑低**——表示自信不足，喜歡聽人講是非，最好找幾個同聲同氣的人在他面前互相吹噓。

有要求型

一、**人中長**——代表疑心重。如你不斷奉承，反而會令他懷疑你對他不利，因此千萬別對這種老闆說奉承話。

二、**眼有神**——代表判斷力強，對下屬表現之優劣，早已心中有數，不用多講。

三、**鼻樑挺直**——代表自信心強，覺得自己清楚知道下屬的辦事能力，毋須再聽吹捧的說話。

四、**眉毛平直**——代表為人較公正。你出三分力還是八分力，他都心中有數，想游手好閒，只靠奉承，肯定行不通！

除了要看老闆是否受「捧」之外，原來還可以憑樣貌看他願不願意花錢。下一次求職，你不妨依照以下貼士選一個不會待薄下屬的老闆。

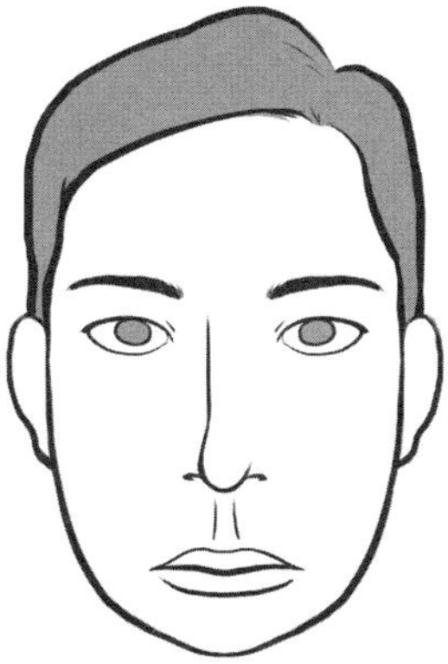

慷慨型

一、**鼻形尖削**——有藝術家脾氣，要求每樣事都做到最好。

二、**鼻孔外露**——天生偏財格，一生財來財去，賺了錢肯定不會待薄得力員工。

三、**太陽穴凹**——對金錢不會看得很重，只要覺得你值得，則你要求多少薪金就有多少。

刻薄型

一、**太陽穴飽滿**——代表這種人喜歡儲錢，即使身家億萬都會吝嗇成性。

二、**鼻孔細**——鼻孔代表保險箱，又鼻孔愈小者愈能將財鎖緊。你想這樣的老闆多加人工，實在不易！

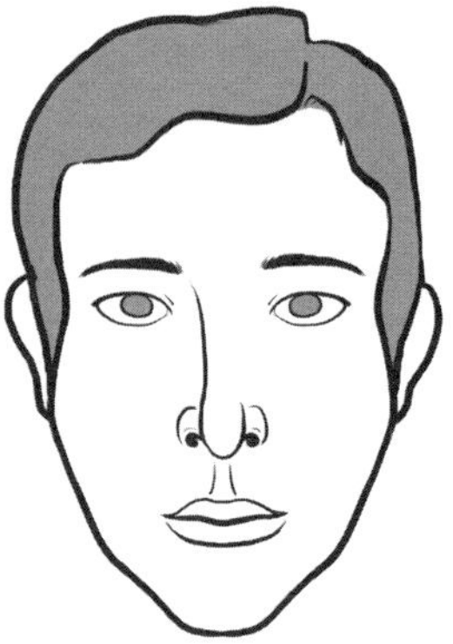

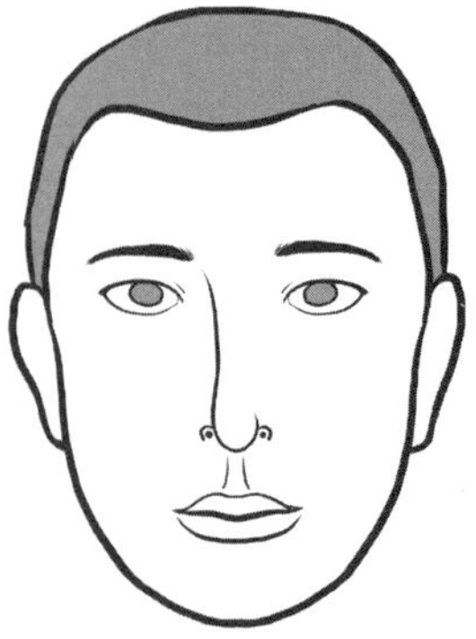

下屬忠奸話你知

想知在一大批求職者中，哪一個忠心不二，哪一個忘情負義？一大班朋友中，哪一個最能幹、可以考慮合作做生意？原來只要看清楚他的樣貌就可以了！

忘情負義

鼻樑低——代表較重利益，哪裏薪酬高就轉職，甚至有可能為求私利，出賣公司。

鼻形歪——代表為人心術不正，容易連累公司及朋友。

不敢直視別人——代表無大將之才，兼且喜愛弄權，或對老闆的指令陽奉陰違。

腮骨過露——這種人是天生的破壞王，喜歡破壞一些舊的事物，重新建立由他操縱的新制度。

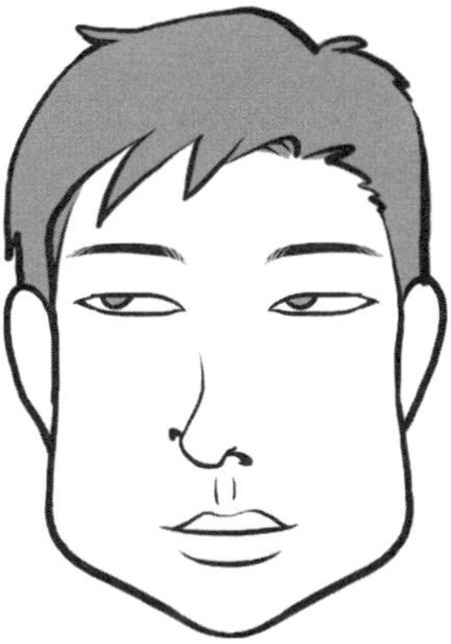

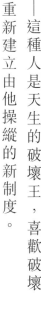

忠心

鼻形端正——代表不會有歪念。如加上鼻沒有過大或過細，則表示其人不輕易越權。這樣的員工，老闆自然覺得可靠！

眼神弱——代表較為膽小，即使有人高薪獵頭，亦無膽子轉職。

牙齒整齊——有整齊的牙齒代表能守秘密。

眉長、貼且眉頭開闊——代表性格樂觀，即使公司遇到危難，亦只會向好的一面想，不會輕易想轉工。

除了忠心型易受老闆賞識外，其實還有另外兩種型格都特別有晉升機會。

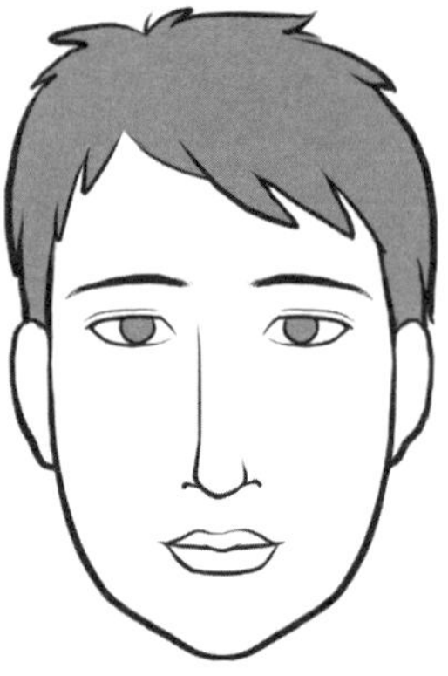

能幹

鼻樑高——表示自信心強，較着重名譽地位，適合做管理階層。

眼有神——代表判斷力強，處事精明，同時表示身體狀況較佳。

嘴形端正——代表較重誠信，不會輕下諾言及表裏不一。

方形臉——代表較有進取心，做事不會半途而廢。

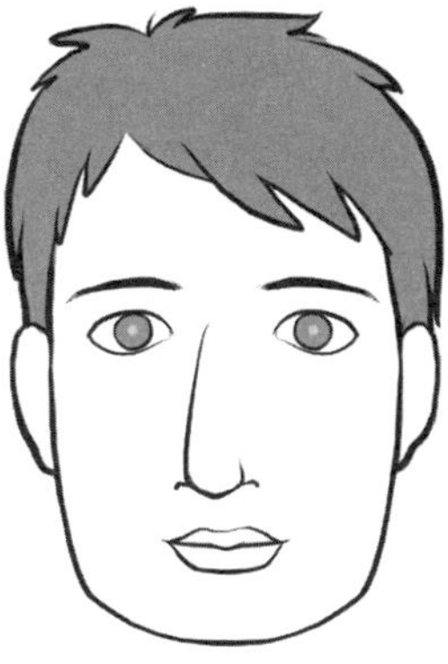

管財

鼻大——相學上，鼻為財星，故鼻大代表適合管理大財。

鼻樑挺直——代表自尊心強，若加上雙眼有神，一般不會做有損聲譽的貪污行為。

下巴闊——下巴主有沒有管人命。下巴闊大，代表能管人，而且生活安定。生活好，自然少有歪念。

眉尾整齊——代表不會從事投機活動，做人較保守。如讓這種人掌管公司財政，老闆最為放心。

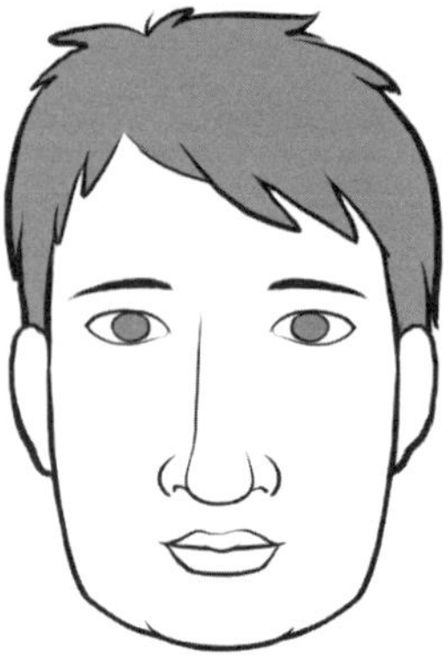

枱燈、盆栽可改關係

如果樣貌天生就令老闆生厭，有甚麼解救辦法？原來除了自己努力做好本分外，還可借助風水之法，在一定程度上改變老闆對你的觀感。

辦法其實很簡單：如果你和老闆都屬熱命人（即在西曆五月六日至八月八日出生），那只要在你的辦公桌上放一杯水就可以；假如兩者同屬寒命人（即在新曆八月八日至三月六日出生），你就要在桌上多放些紅色飾物或加枱燈；若一個屬熱命而另一個屬寒命，則適宜在桌上放一盆植物；但生於三月六日至五月六日為平命，則一生無大礙。

人生總有得失時

在每個人的一生中，都總有一剎那光輝。只要我們能好好把握，總算不枉此生。但到底哪一段時間是自己光輝的時候呢？有些人錯過了還以為未曾遇到，又有些人的光輝時候竟然在垂暮之年。

如果各位想知道哪一段時間是自己的光輝歲月，就要細心閱讀此篇了（以下流年為特別流年法）。

相掌篇

少年得失時

得——十六歲至二十六歲行額運，如果閣下額闊而高，顏色白潤，無紋侵痣破，額形飽滿，即代表閣下二十六歲前必有一番事業，宜把握機會，積極進取。

失——如額形低窄，頭髮乾枯，代表少年運差，宜努力裝備自己，留待日後入運之時，能順勢而攻。

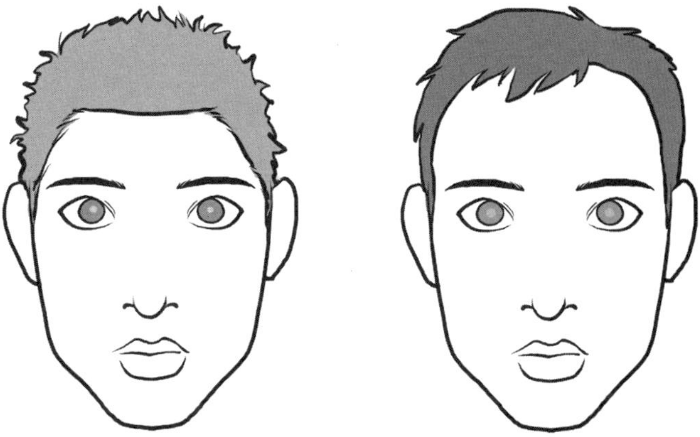

青少年得失時

得——二十六歲至三十六歲運行至眉，如眉毛幼，眉清見底，眉毛順貼眉骨而生，眉形平而長過目，則在這段期間，必得朋友平輩之扶助，從而展開一生之事業，進步神速。所以有此眉者，宜在二十六至三十六歲期間把握機會。

失——眉形粗、眉亂且散，或眉豎、眉毛相交皆為凶眉。眉為兄弟宮、交友宮，眉凶則到眉運時必人事不和，有官非是非，打架損傷。如遇此眉，宜在二十六歲至三十六歲多些捐血化解。又此時切勿投資，亦不宜與人合作投資。

青年得失時

得——三十六歲至四十六歲行眼運，如雙目有神，眼珠大且黑白分明，則眼運之時為一生人之高峰，宜把握機會，努力進取，必能創一番大事業。

失——如雙目無神，不睡似睡，不醉似醉，謂之神不足。如有此眼，此時必宜退守，靜待時機，勿輕舉妄動，否則徒勞無功，甚至招來禍事。

中年得失時

得——四十六歲至五十六歲行鼻運，如鼻樑挺直而長，高而無節，兩顴有肉包裹，必得貴人扶助，地位提升。尤其是政治人物，有此鼻則此時必得貴人提攜，因而大步向前，達至人生高峰。

失——如鼻形細小，鼻樑不豐，鼻準無力、空浮，兩顴下瀉者，此時應該退守，勿輕舉妄動，否則必招是非損失。

晚年得失時

得——五十六歲至六十六歲行嘴運。如人中兩旁之勢飽滿，上下唇厚薄適中，嘴形端正，唇色艷麗，下巴寬闊，此時為一生人中最好之時，主晚年安樂，奴僕成群，子女在旁，財源豐盛。

失——如人中兩旁不豐，嘴歪唇薄，唇色暗青，下巴尖削，則此時運程必差。得此相者，其時以守為上，切勿進攻，以保晚年安樂，不至潦倒街頭。

天生明星相

有些人天生明星相，去到任何地方都受人歡迎。原來這在命相上是有特徵的，而男女天生明星相的特徵又有所不同，現將男女的不同特徵詳述如下：

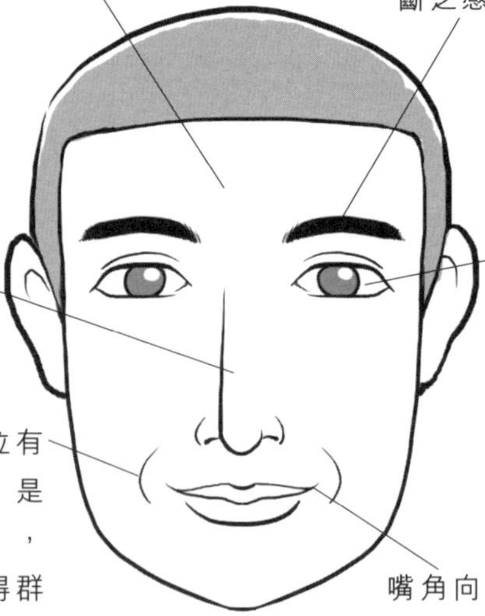
方額為實際之額，思想言行一致，易得人敬仰
眉毛整齊略粗，做事速戰速決，給人果斷之感
鼻樑挺直而長，有男子氣慨
眼有神，黑白分明，眼珠要大，且眼形要長，眼神帶憂鬱，惹人憐愛
笑時面頰部位有凹入之長紋，是為「捧場線」，易有人緣，得群眾之愛戴
嘴角向上成仰月嘴，給人易於親近之感覺

男相

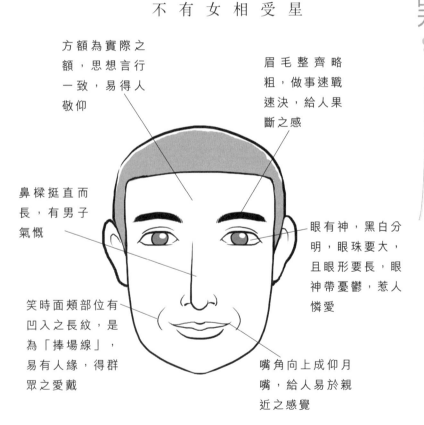

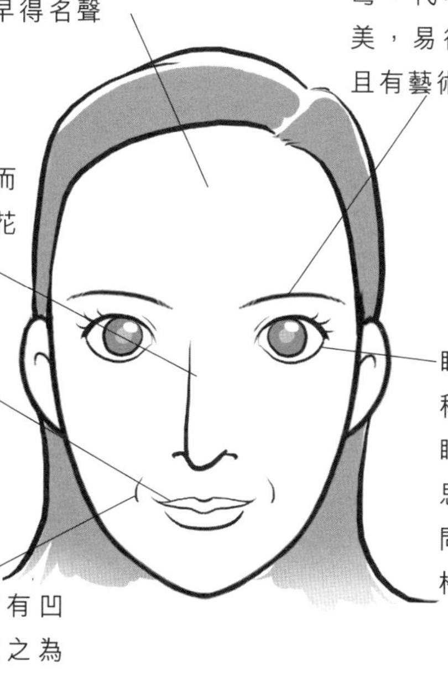
額圓高而飽滿，又額在整個面上比例較大，代表少年運佳，早得名聲
眉整齊而長、略彎，代表思想優美，易得人緣，且有藝術氣質
鼻形大小適中而鼻頭略尖，桃花重易得人緣
嘴角向上成仰月嘴，給人易於親近之感覺
眼大眼珠大，稱之為「孩子眼」。有此眼者思想天真，愛發問，有孩子之性格，易惹人憐愛
笑時面頰左右有凹入之長紋，稱之為「捧場線」，易有人緣，得群眾之愛戴

女相

事業有成相

所謂男人三十而立，很多成功男士都在這個時候開始轉運，由無名小卒，搖身變成財雄勢大的老闆。其實除了靠個人實力與運氣外，原來都有樣可看！

額頭飽滿——可觀察智力及少年運勢，從而得知有否貴人相助及工作的發展情況。一般來説，額頭高、飽滿，無紋痣缺陷等表示少年運氣不俗，又這種額通常屬於有錢人士第二代後人的額。相反，白手興家的人之額頭一般較不好看。

眉毛平順——第一代白手興家的人，眉毛多屬散亂；到得父蔭的第二代人士，眉毛才較順服。至於眉毛向上飛揚的人，表示一生不居人下，多屬有社會地位之人。

雙目有神——一雙神氣的眼睛，給人充滿自信的感覺，加上目光鋭利，做起事來自然特別順利。不過，當然還要配合一對黑白分明的眼珠。

鼻樑要高——鼻樑高代表有社會地位及權力，而鼻形長則表示有貴氣，所以事業有成的人通常都是鼻樑高而長，而非鼻大。

雙顴要高——顴骨高同樣表示有權，但並非凸出而且露見骨那種。其實顴骨要與鼻一同觀看——如顴高鼻高代表權力、地位一樣高；顴高鼻低則表示有權無地位，容易與上司作對，常有越權行為。

法令深明——法令可觀察中年以後的事業是否順利，乃顯示四十歲後事業發展的事業線。如法令深長明闊，代表能掌大權，信譽日隆，有駕馭下屬的能力。

上唇飽滿——上唇飽滿而凸出的人士，代表五十歲後運程佳，且懂得享受生活。

下巴向前——凡是下巴豐滿且有少許向前的人，皆代表晚景無憂，既事業有成，亦毋須擔心錢財問題。

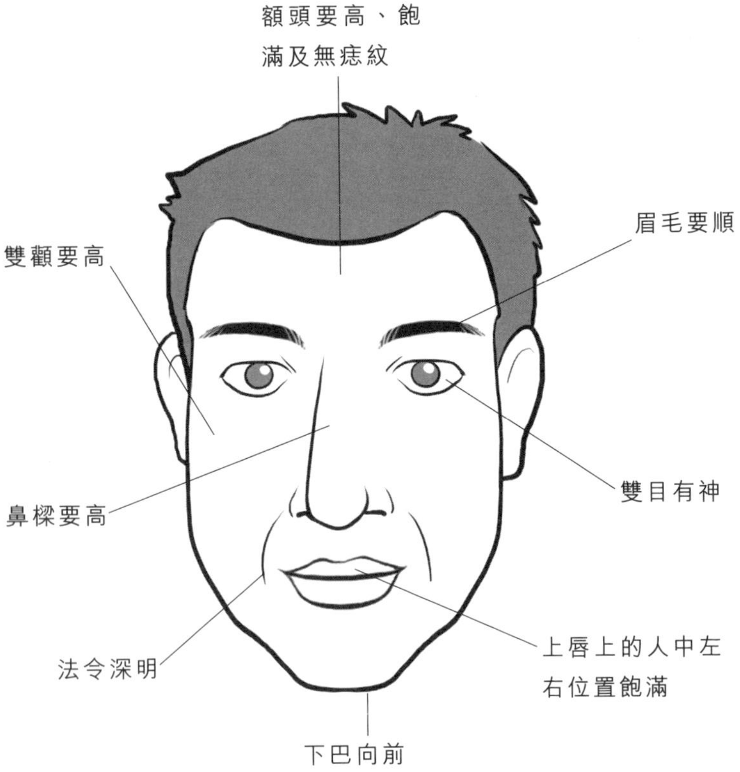
額頭要高、飽
滿及無痣紋
眉毛要順
雙顴要高
雙目有神
鼻樑要高
上唇上的人中左
右位置飽滿
法令深明
下巴向前

戴眼識人

好媽媽面相

其實做一個好媽媽是很不容易的，又要跟子女有良好的溝通，又要有耐性，又要做個好榜樣，讓兒女能夠跟隨。

現在讓我將好媽媽的面相條件列出，好讓你更清楚地認識自己。

額——好媽媽的額頭不能太低，因額低為固執頑愚，每喜將自己之看法強加於子女身上，難以接受兒女之意見，不能讓其自由發揮，容易埋沒子女的才華。

眉——眉毛粗的媽媽，粗心大意，做事大紋大路，不愛處理家務，更不能細心照顧兒女。

眉毛幼則為人細心，善於觀察，既能瞭解子女之需要，亦能把家務料理得頭頭是道。

眼——眼為靈魂之窗，從眼可觀察其人之內心世界。忠奸、賢愚、善惡、決斷或優柔，皆能從眼內得知。一般而言，眼珠大則心地善良，眼珠細則心狠，眼黑白分明則有決斷力，眼無神則做事拖泥帶水，眼神柔和則心地善良，眼惡者則情薄，眼形圓大則善於表露感情，眼細者每藏事於心中。

所以好媽媽以眼大，眼珠大，黑白分明，眼神柔和為佳。

鼻——鼻樑高者自尊心強，不喜接受他人之意見；鼻樑低則人較隨和，易與家人溝通，所以能幹的媽媽要鼻樑高，慈祥的媽媽要鼻樑低，但最忌者為鼻樑削而露骨，鼻頭尖小，因有這種面相的人大多夫妻子女感情不佳，亦不大懂得照顧兒女。

嘴——上唇代表情，下唇代表欲，上下唇厚代表為人重感情，又此不論愛情與親情。至於上下唇薄則代表其人較冷淡，每把感情藏於心中。最忌上唇薄而牙疏，因上唇薄代表多言，牙疏者則不慎言，屬口水多過茶那一類媽媽。最嚴重者為嘴歪，因嘴歪者言語不實，愛撒謊言，這樣的媽媽怎能做一個好榜樣？

下巴——下巴代表家，下巴圓厚代表家在她心目中佔很重要的地位。相反下巴尖代表家在她心目中只是一個睡覺的地方。所以下巴肥厚的媽媽喜留在家中照顧子女，而下巴尖的媽媽則喜每天出外逛街，不喜留在家裏照顧子女。結果，照顧子女的責任多落在工人身上。

虎耳、歸來——虎耳正名「附耳」，與歸來同為察看與子女有否緣分之部位。如虎耳、歸來部位飽滿有肉，代表能得子女之歡心，晚年亦有子女在身邊。如再加上下巴圓厚，則更能享子孫之福。

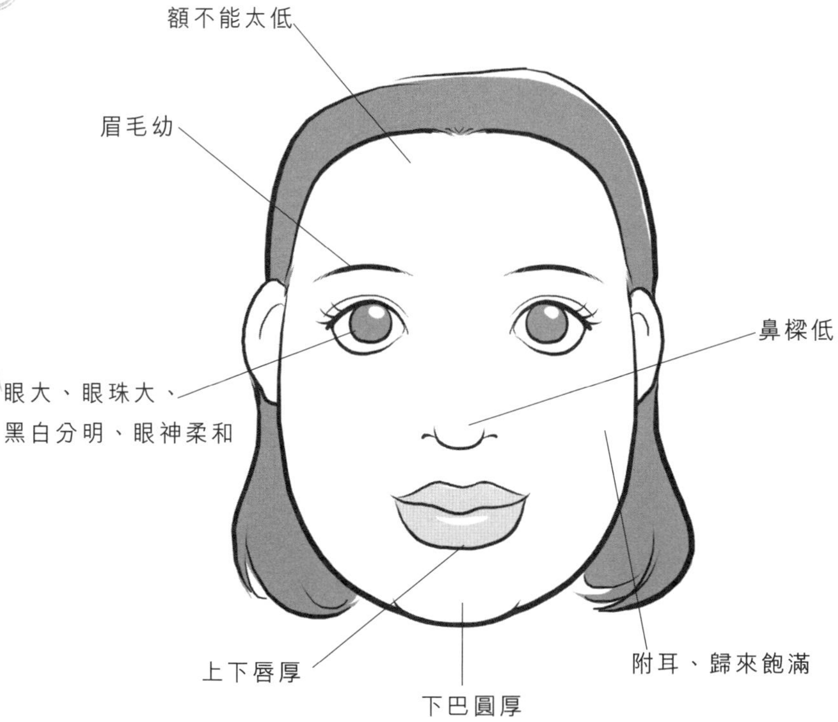
額不能太低
眉毛幼
鼻樑低
眼大、眼珠大、
黑白分明、眼神柔和
上下唇厚
下巴圓厚
附耳、歸來飽滿

好爸爸面相

好媽媽有樣看，原來好爸爸亦有樣看，且其吉凶好壞與好媽媽亦有相似之處。現把好爸爸面相的特點列出如下：

額——前額髮線高，尤其左右之額角略高，代表其人分析能力強。兒女每遇困難，皆能細心分析事件之吉凶好壞，然後讓子女自行決定，從旁作出合理之引導。

如前額髮際低而左右額角窄，則其人固執，每喜堅持己見，要兒女順着自己的意見行事，令兒女缺乏應變能力。

眉——眉要整齊且順貼眉骨而生，因眉毛整齊貼肉代表思想細膩、細心，不會亂發脾氣。相反，眉毛亂則其心也亂，不懂把事情安排妥貼，做事亦較不合情理。如加上眉骨凸露，則性格衝動，較易體罰兒女。

眼——眼珠大代表心地善良、有人情味，眼有神代表果斷，眼神柔和代表其人心地善良有耐性。凡有以上其中一種條件，都算是好爸爸的眼，如果三樣齊備，當然更佳。最忌眼珠細，因三白眼、四白眼皆脾氣不佳，無忍耐力，亦忌眼惡，因眼惡者情多薄，容易棄子女於不顧。

鼻——男性鼻樑一般較女性為高，代表其自尊心較強，於男性面上並無不妥。惟鼻樑有節或過低則不佳——鼻樑有節脾氣急躁，性格衝動；鼻樑過低缺乏自信心，遇事每每退縮，皆不是好爸爸的特徵。

嘴——男性一般上唇薄，下唇厚，較重欲，但只要嘴形端正，皆主言語謹慎。如再加上當門兩齒形狀整齊，則更加言而有信，絕少虛言。如嘴唇斜歪、牙又疏，則易胡言亂語，常常承諾子女很多東西卻又無一能夠做到。

下巴——下巴圓厚而兜代表喜留在家中與子女溝通，不但子女緣分佳，而且容易成為子女的朋友。相反，下巴尖瀉與子女缺乏溝通，即使有時間亦不喜留在家中照顧子女，以致子女緣分淡薄，繼而冷漠。

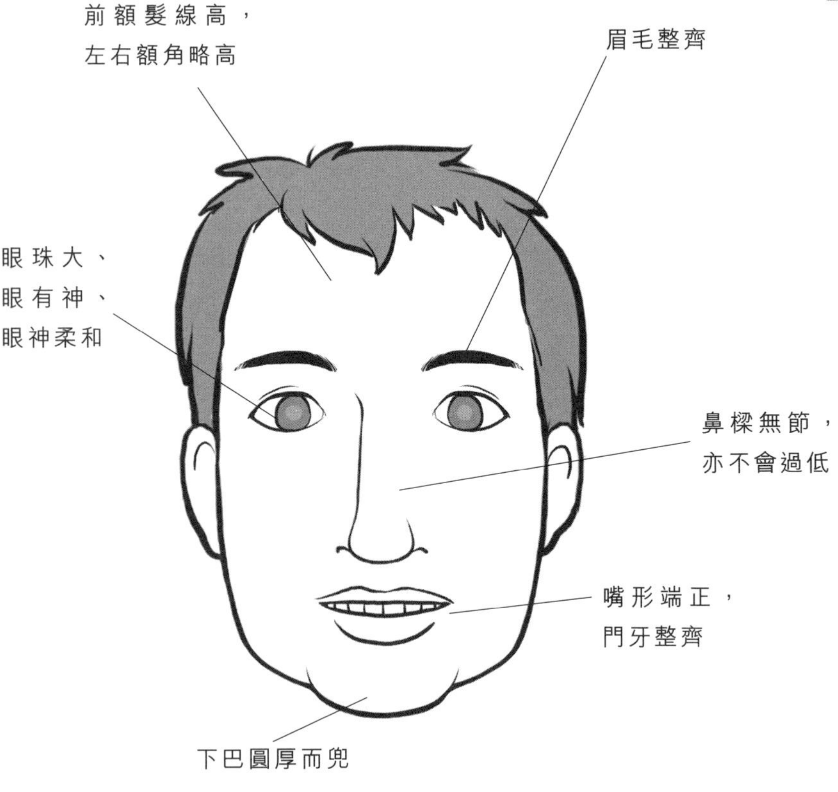
前額髮線高，
左右額角略高
眉毛整齊
眼珠大、
眼有神、
眼神柔和
鼻樑無節，
亦不會過低
嘴形端正，
門牙整齊
下巴圓厚而兜

父母無緣有樣睇

父母無緣之相的特徵非常多，而無緣者代表自少生離死別或不大投緣。

剋父特徵

一、額上有三橫紋

二、天中有痣（痣癦同論）

三、印堂有痣

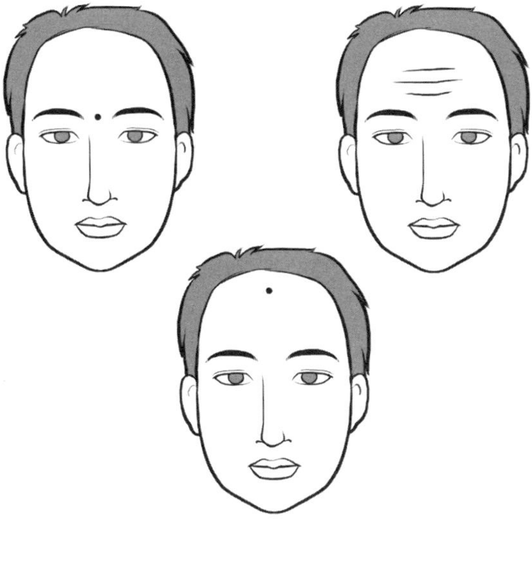

四、司空有痣

五、額前髮腳有旋毛

六、額前髮腳特低

七、M字額

八、有美人尖

九、日角低陷、塌、破或有紋痣

十、濃眉壓目

十一、左眉有旋毛

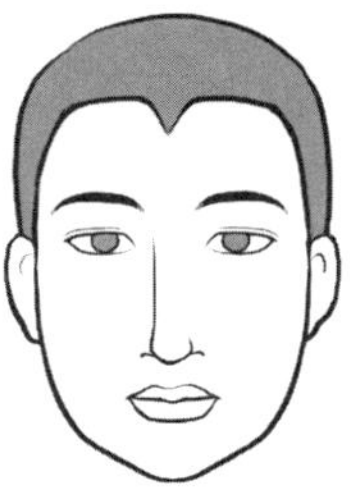

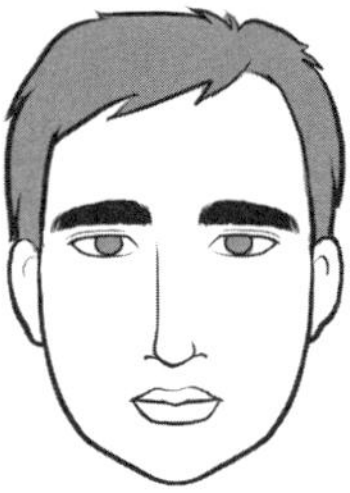

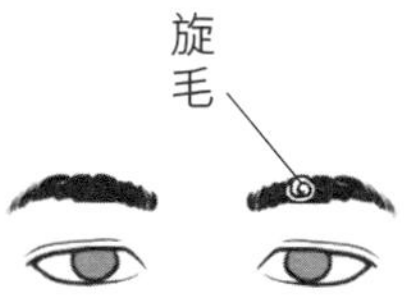

十二、懸針破印堂

十三、鼻明顯偏左

十四、左顴露、偏、低、陷

十五、左耳低、小、反、輪飛

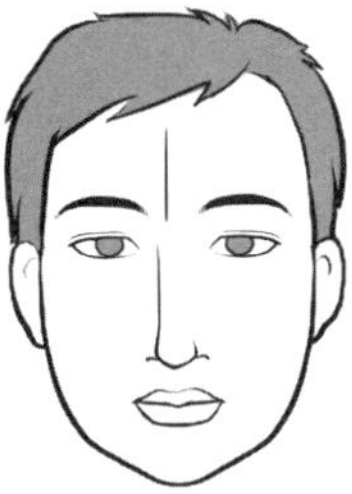

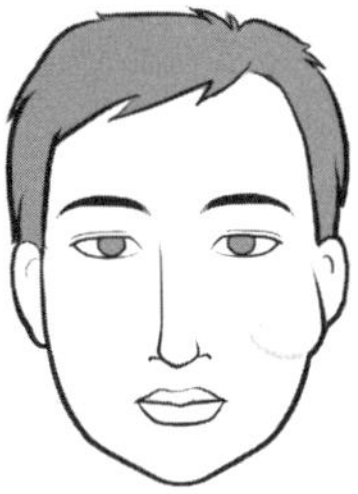

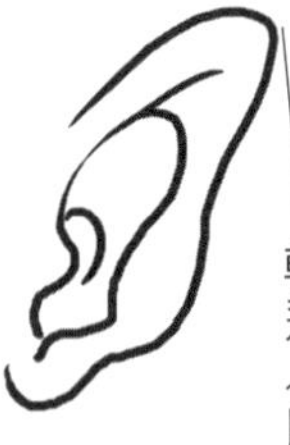

輪飛（即輪尖）

十六、左面門牙早落

剋母特徵

一、天庭有痣

二、月角低陷、塌、破或有紋痣

三、男性鼻樑低陷

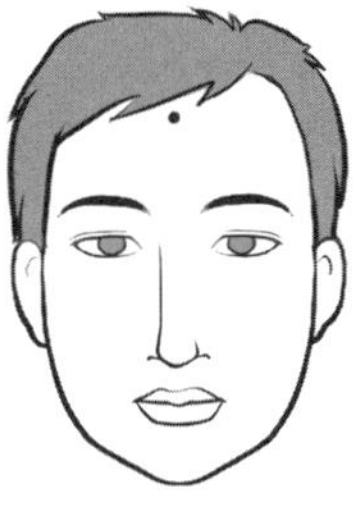

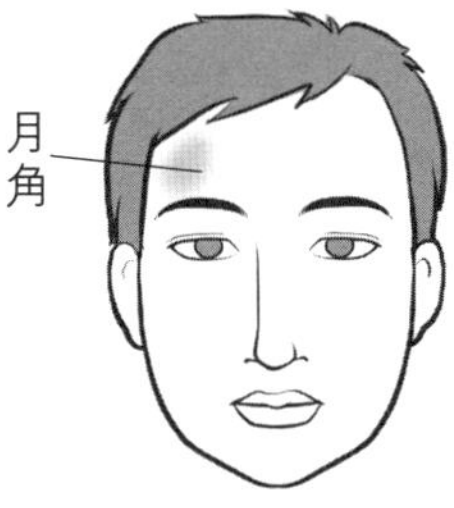

四、鼻明顯偏向右

五、右顴露、偏、低、陷

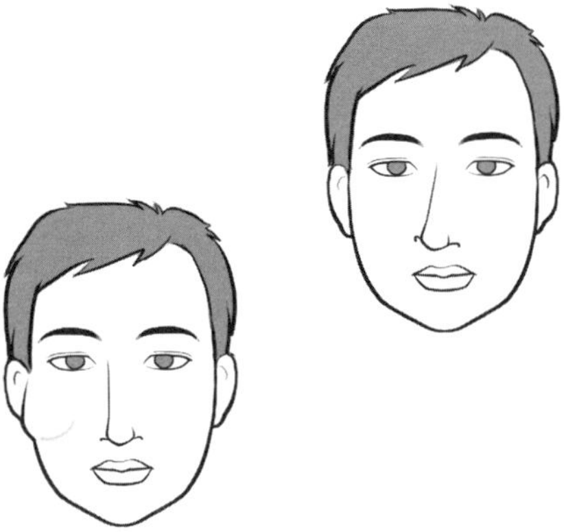

如發現自己與父母相剋，古代會用過繼、契神、認契爺、契娘等辦法化解，其目的是把與父母相剋之氣分散，從而減低與父母無緣之影響。

又剋父母之相不是因他的出生而引致父母不佳，而是從他的面相知道其與父母的緣分、健康而已。

如何選擇好工人

傭人

選擇工人之前，首先要知道你所請之工人的作用。如果只是請一個普通的家庭傭工，則不管菲傭也好，泰傭、印傭也好，首要條件一定要眼大、眼珠大，因眼大者思想正直，為人無機心。至於眼珠大則心地善良，有人情味。所以眼大、眼珠大之傭人，一定不會虐待你的子女。

相反眼細、眼珠又細則事事愛藏於心中，就算不喜歡也不會說出來。同時，眼珠細者為人狠毒，報復心強，遇有不如意之事，容易報復在你的孩子身上。

鼻樑要低，因鼻樑高主自尊心強，難與主人和洽相處；鼻樑低則易接受別人之意見，而且為人較樂觀，刻苦耐勞，任勞任怨，即使做較辛苦之工作亦不會口出怨言。

面形要圓，因圓面形較喜留於家中，人緣亦較佳。至於尖面形則難以忍受每天留在家裏工作，不容易適應當傭人之生活。

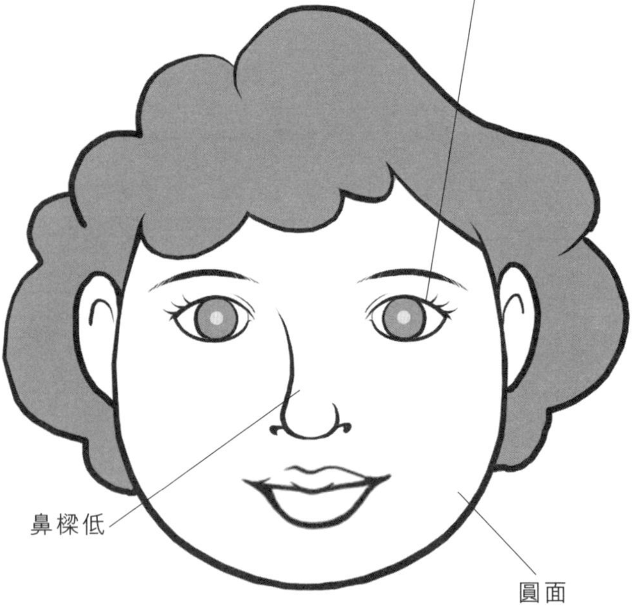

司機

請司機之條件跟請傭人一樣，都是要眼大、眼珠大，鼻樑不高，以面圓較佳。但如司機要兼任保鑣之職，則略有不同。

保鑣

當保鑣之首要條件是鼻樑要夠高夠直，因鼻樑高直代表其人有正義感，有責任心，遇危難時不會掉下主人不顧。

腮骨要有力。腮骨有力代表秘密性強，不會隨便透露主人之行蹤。且腮骨有力之人大多體格強健，身手亦佳。

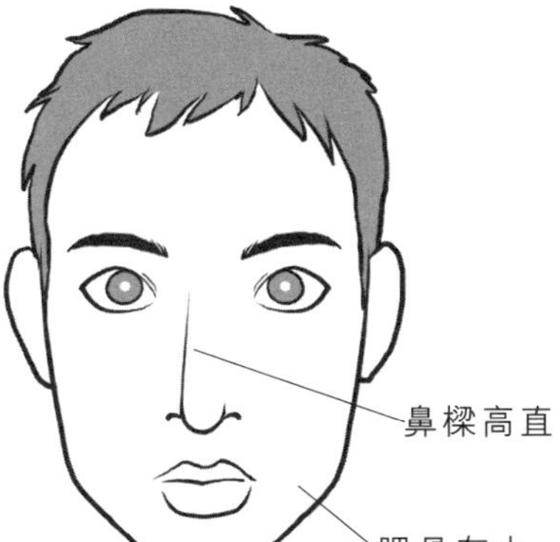

管工

請管工與請工人有所不同，因管工需要管理家中大小事務，為工人之領導人。因此管工鼻樑要略高、略直，眼要略有神，但眼珠亦要大，且嘴唇緊閉，略有威嚴，才能管理好工人。

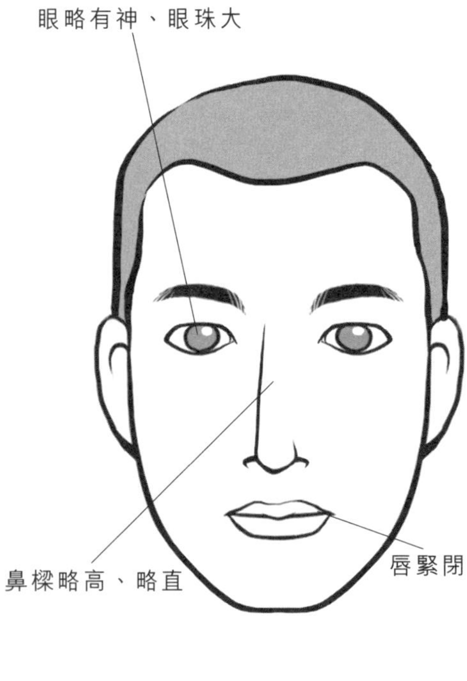

白眼識人

眼是每個人的靈魂之窗，通過眼神可看透其人之內心世界。要觀察眼神其實並不容易，反而從眼珠大小、偏上偏下、偏左偏右去觀察一個人會比較容易。

大部分人的眼睛都是上下靠着眼眶，只有左右兩邊露白，這為正常之眼。但亦有眼睛不只左右露白，而這則為非正常。

一、**左右露白但眼珠不平衡**——平常看上去，不容易察覺眼珠不平衡的人到底有何不同。但只要其望向正前方之時，就會察覺他一隻眼珠在眼中間，而另一隻眼珠則有偏左或偏右的情況。這種眼顯示其祖先極為富有，但曾經殺人，且不得善終。由於其祖德不佳，以致風水不好，令後人大多零落失散。所以有此眼的人要修心積福，才能脱離祖先之影響。

眼珠不平衡

二、**鬥雞眼**——鬥雞眼即兩隻眼珠均集於眼頭間，其人大多先天體質不佳，不但早被父母拋棄，而且晚年多病，所以有此眼者，宜多做運動，鍛鍊身體，以擺脫困境。

三、**上三白眼**——上三白眼，即眼珠偏向下，形成眼珠左右及上面露白。上三白眼並不常見，相書有云：「上白多奸，下白多刑」，所以上三白眼之人，大多心術不正，易入邪途。即使出身富貴，且有教養，亦難逃其先天劣質之影響，所以遇上三白眼之人要稍作提防。

鬥雞眼

上三白眼

四、下三白眼——下三白眼即眼珠傾向上，形成眼珠左右及下面皆露眼白。有此眼者，好勝心強，每為達到目的而不惜付出任何代價，而此種特質每能推動其達致成功。又此類人為達目的，往往不擇手段，以致一生樹敵較多，易有凶險。所以相書有云：「三白眼易死於非命」，此乃其性格所致。故此，其人遇事如能稍退一步，則凶險自少。又三白眼為色難之相，不論男女皆易為異性放棄一切，所以會有英雄難過美人關之情況。

五、四白眼——四白眼即眼珠極細小，形成眼珠上下左右皆露眼白。此為最差之眼，但不常見，筆者觀相數十載也不出十人，此眼氣量小，心狠報復心重，不宜與之為友。

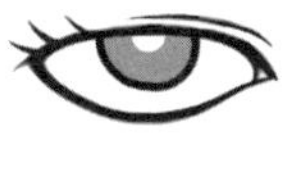

下三白眼

四白眼

睇眼形知性情

除看人眼白多少能知其個性之外，觀察其眼形之大、小、長、短亦能知其性情。

一、**眼大眼珠大**——眼大者善於表達感情，眼珠大則思想天真，心地善良，遇事每喜發問，所以眼大眼珠大的人稱為「孩子眼」，謂其思想天真、心地善良之意。

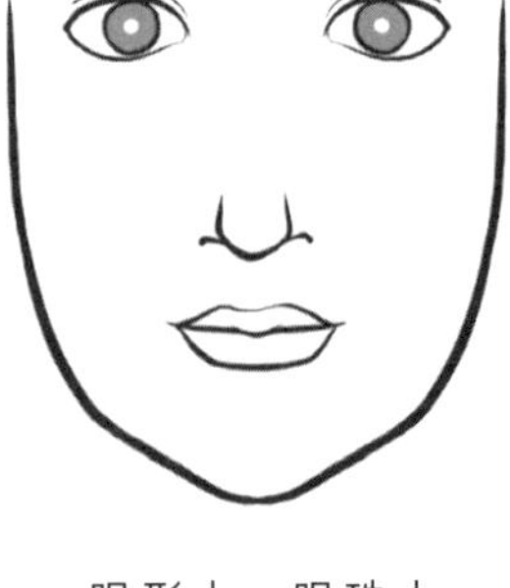

眼形大、眼珠大

二、**眼細眼珠細**——眼細之人每事皆喜藏於心內，不喜表露其真性情。如眼珠亦細則為人自我中心，每事皆以滿足自己為目的。又眼細之人記仇，報復心強。

三、**眼長**——眼長之人性格較慢，行動不迅速，惟人較溫和，易與人相處，且易見桃花。

眼細、眼珠細

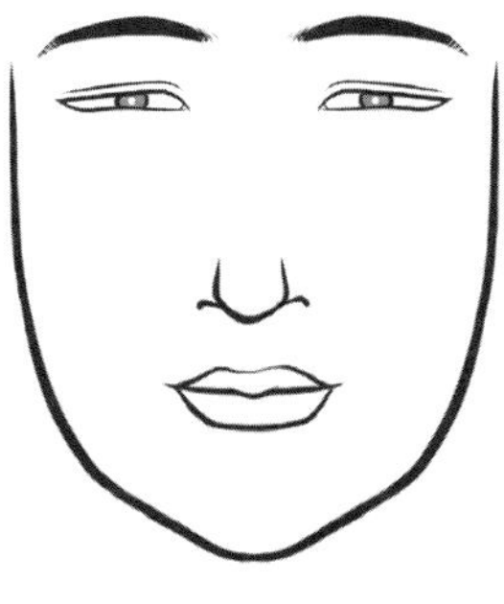

眼長

四、眼短——眼短者之個性較急，行動迅速，遇事速戰速決，不喜將心事藏於心中，喜怒皆形於色。

五、三角眼——三角眼有上三角眼及下三角眼。上三角眼即眼之上部近眼頭位置成三角之狀，有這種眼形者會於其三十五、三十六歲之時因受人所騙而破財。

下三角眼大多出現於長者身上，因下三角眼是因年紀漸長才使眼下肌肉鬆馳，形成下三角眼。有此眼之人，年老之時每易受騙，所以家中如有三角眼之長者，務要提防其因受騙而招致金錢上的損失。

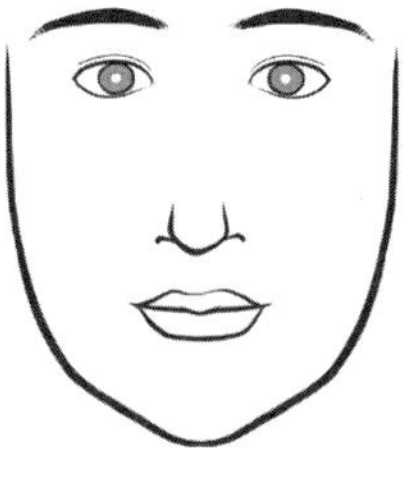

眼短

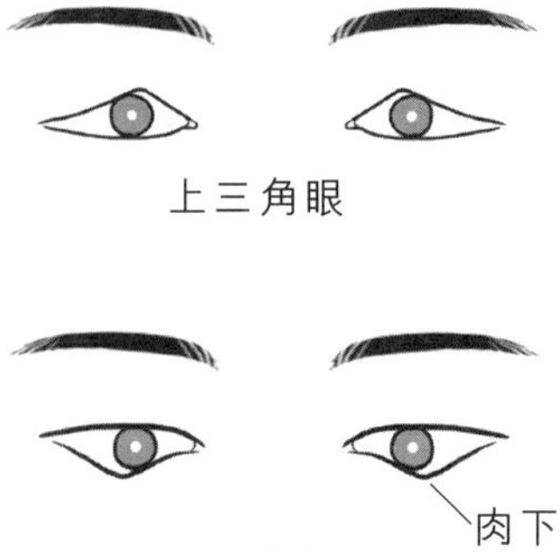

上三角眼

下三角眼

暗瘡有意思

每個人都會生暗瘡，有時會長在身上，有時會長於面上，但原來長於面上的暗瘡是有玄機的，而不同部位的暗瘡都有其不同的代表。

額

額上長暗瘡大多主上天注定的事，如長在額之左右的邊城、驛馬位置，就代表出行受阻，旅程不順。

丘陵、塚墓長暗瘡，代表外出拜神、祭祖會遇困難阻滯。

左額長暗瘡，代表父親心情不佳或身體抱恙。

右額長暗瘡，代表母親心情不佳或身體抱恙。

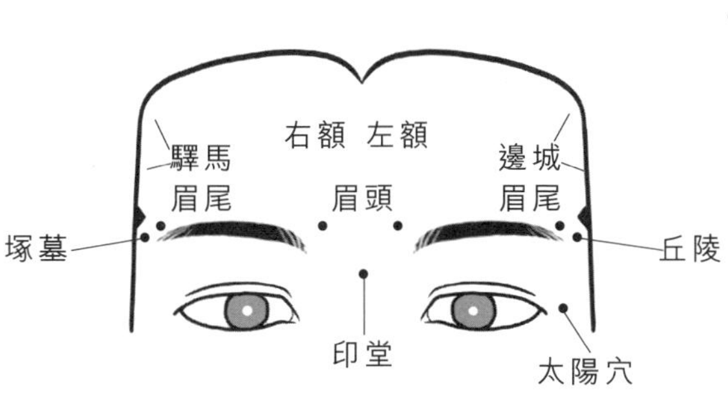

左右眉頭對上長暗瘡，代表目前財政出現困難。
左右眉尾對上長暗瘡，代表在不久將來會有金錢週轉之困難。
左右太陽穴長暗瘡，代表要把儲蓄拿出來用。
印堂長暗瘡，代表心情不佳，易見爭吵。

眉、眼

眉頭內長暗瘡代表爭吵不和，心情不佳。
眉尾內長暗瘡，易因朋友破財，亦主有感情障礙。
眼頭長暗瘡，主夫妻爭吵，亦主桃色糾爭。
眼尾長暗瘡，左面代表男性出現問題，易見爭吵；右面代表女性出現問題，易見爭吵。
眉、眼中間的田宅宮長暗瘡，主家事不寧。

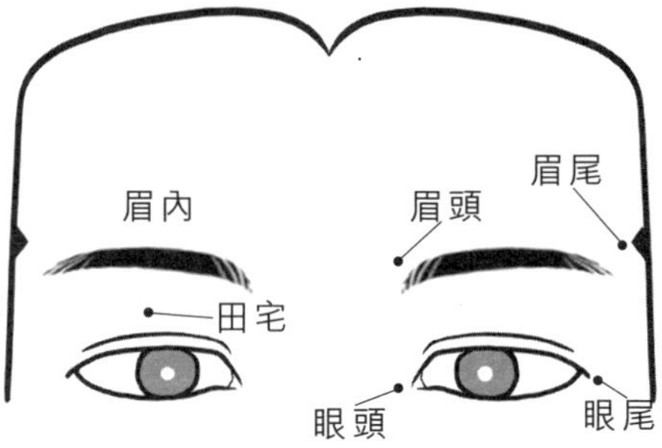

鼻、顴

鼻樑山根位置長暗瘡，夫妻易見爭吵。

年上長暗瘡，自己短期內會生病。

壽上長暗瘡，家中有人生病。

鼻之左側長暗瘡，會發生感情問題，且由男方引起；如長在鼻之右側，則由女方引起。

鼻頭出現暗瘡會破正財，如買衣服、家居裝修等。

鼻之右鼻翼長暗瘡代表會破意外之財，如抄牌或無端破財。

顴上長暗瘡代表當前信用不佳，人事不和。

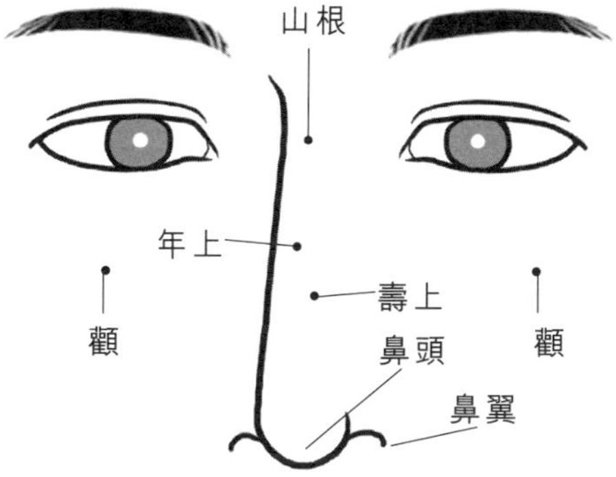

嘴

上唇長暗瘡代表有人佔你的便宜，如數目多則代表性生活不協調。

嘴角長暗瘡代表爭吵。

嘴之左右下角長暗瘡，代表自己花費過多。

嘴之正下部長暗瘡，代表易見胃腸消化系統之問題。

頤

下巴長暗瘡代表家中有物件搬動，如搬家具等。

左右奴僕宮長暗瘡代表下屬造反，不聽使喚。

耳

耳長暗瘡，不論任何部位皆主心情煩躁。

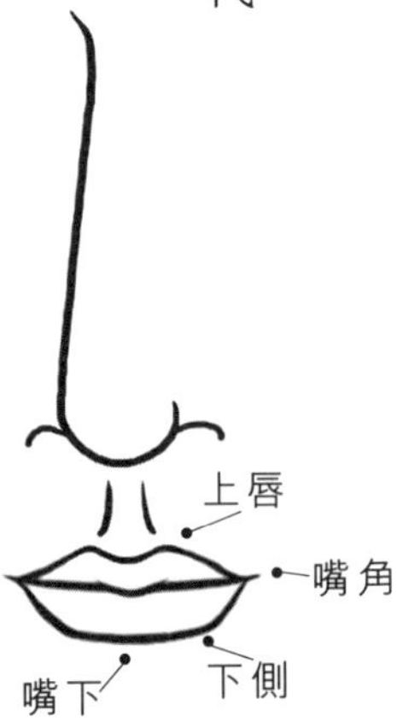

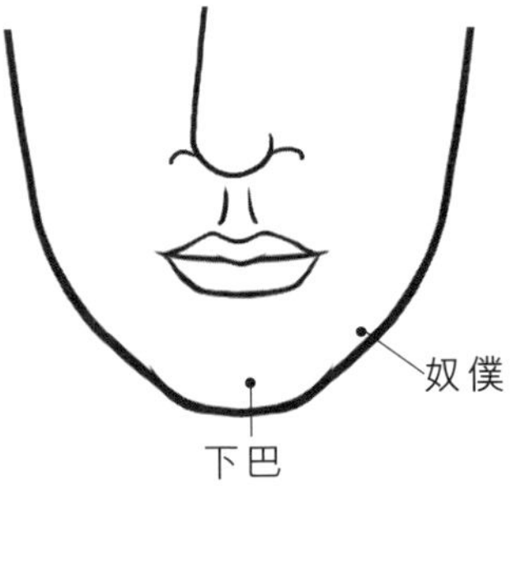

髮力無邊

頭髮在相學上原來是有玄機的，它可用以觀察個人性格、父母緣分、夫妻感情、身體健康、運程吉凶等事。

性格

頭髮幼而軟潤，其人性格溫柔，易接受別人之意見，原諒別人之缺點，不記舊仇，即使遇到爭執亦較易作出忍讓。

頭髮粗硬乾枯，其人固執，堅持己見，不善變通，性格衝動而缺乏忍耐力，但好處是刻苦耐勞。

髮線高，尤其是兩邊額角頭髮退縮，代表其人分析能力強，善變通，有才智，有智慧。

髮線低。髮線愈低其人愈固執，愈堅持己見。不但不善變通，分析能力低，而且不願接受別人之意見，一生易與人發生衝突，不是一個容易相處的人。頭髮鬈曲難梳理亦然。

父母緣分

髮腳不低，髮腳整齊，大多與父母有緣。

髮腳低，髮腳不齊，M字頭，美人尖額，少年白頭，頭髮粗濃而硬，皆主與父緣薄。

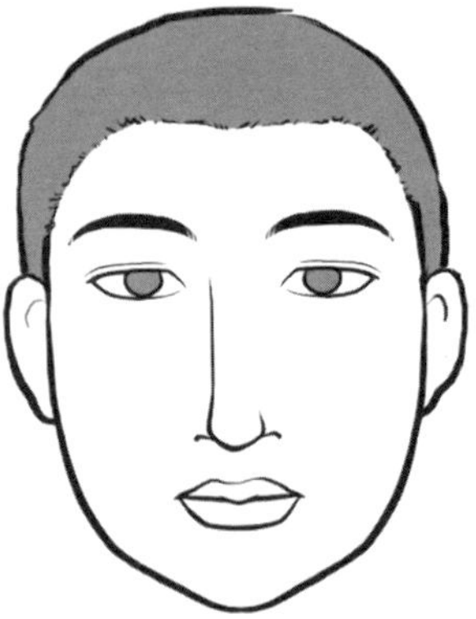

髮腳低

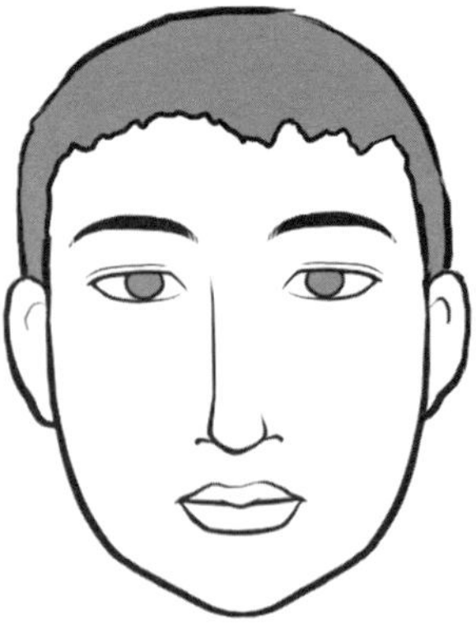

髮腳不齊

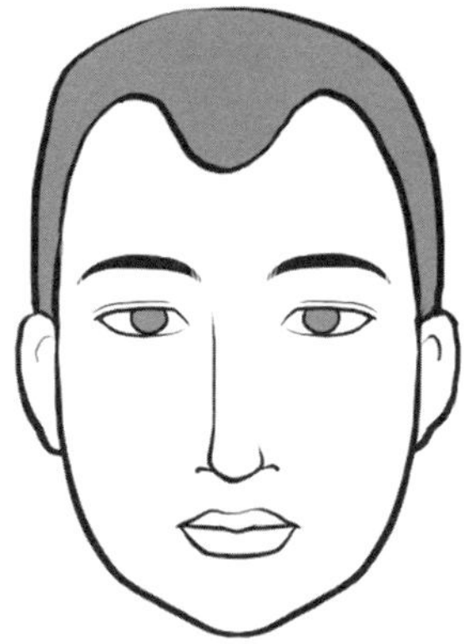

M字額

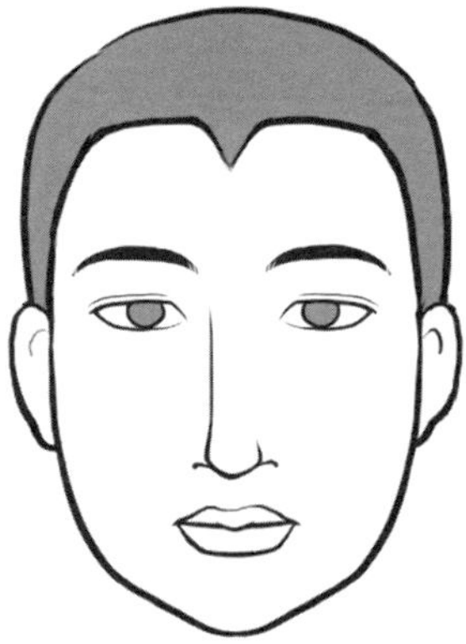

美人尖額

身體健康

頭髮潤澤，身體健康；頭髮枯黃，血氣不足，體弱多病；頭髮突然脫落，大病之兆；頭髮原來潤澤，突然變枯黃，大病之兆；突然白髮，大病之兆。

夫妻感情

髮軟而幼，夫妻恩愛；髮粗而枯，夫妻不睦。如兩夫妻一個髮幼一個髮粗，則遇爭執之時必是髮幼之一方作出忍讓。

女人頭髮枯黃有剋夫之象，代表夫緣薄弱，難享夫福。婦人頭有穢氣，貧賤，不旺夫（有穢氣即頭有臭味，不論如何梳洗皆有臭味）。

女人頭髮粗厚濃密，夫緣不佳，夫無助力。

男性頭髮粗硬而厚，不解溫柔。

運程

頭髮幼而軟，顏色潤澤，一生易得貴人扶持，大多運程通順，少挫折、少凶險，一生運程自佳。

頭髮粗硬，主辛苦得財，且往往要付出雙倍努力才有別人一半之成果。髮腳低無讀書運，主少年運差，三十歲前難有建樹。髮腳不齊亦然。

頭髮從前額開始脫落為轉好運之先兆。

頭髮從頭頂開始脫落為轉壞運之先兆。

頭髮突然脫落如一個五角大小，甚至有時有數個之多，中國人稱之為「鬼剃頭」，為極度煩憂之兆。

觀鼻知人

想知道哪類女人夫妻運不佳容易離婚？哪類男人最懂得用小本賺大錢？不用夾時辰那麼麻煩，看一看鼻子就知道！

羅馬鼻

女人易離婚

特徵：鼻形長而鼻樑有骨節凸起。由於羅馬人多屬這種鼻，故稱為「羅馬鼻」。

女人有這種鼻，多數婚姻不佳，因鼻代表女性的夫妻運（男性亦表示財運）。若女性鼻樑起節（以肉眼看見凸起為準），代表與丈夫爭拗時毫不相讓，容易導致離婚收場。

男人有這種鼻，卻代表上進心強，遇到困難必定想盡方法解決，故這種男人多數事業有成。

猶太鼻

小本賺大財

特徵：鼻樑略拱起，鼻頭下垂兼圓而肉厚。由於猶太人多有這種鼻，故稱為「猶太鼻」。

有這種鼻的男人多數老謀深算，就算手上只有很少本錢，亦會發展成大生意，不過為人較吝嗇。

而有這種鼻的女人多為精打細算的幸福小婦人，就算自己做生意都一樣成功！

繼室鼻

享盡夫福

特徵：鼻短而鼻樑平坦，鼻頭圓而有肉。

這種鼻的女人若為正室，只會為老公捱一世，又或離婚收場；但若做繼室（嫁給離婚或喪偶之男士），反而可盡享夫福，婚姻美滿。

男人有這種鼻則勞碌而收穫少，一生難有作為。

鷹嘴鼻

竭力幫朋友

特徵：鼻樑略為拱起，鼻頭下垂而尖小，狀似鷹嘴，名為「鷹嘴鼻」。

男人有這種鼻，代表積極進取，有時為達到目

的，甚至不惜付出任何代價。當有朋友向其求助時，他亦會歇力幫忙。另外，這種人較適宜從事較冷門及大上大落之行業。

女人有這種鼻大多較為刻薄火爆，難有美滿婚姻。

豬膽鼻

正直怕老婆

特徵：山根（鼻樑與兩眼之間的位置）窄小，鼻頭闊大，兩邊鼻翼不明顯，形狀似豬膽，稱為「豬膽鼻」。

這種鼻的男人為人正直，有責任心，怕老婆。同時，其人不畏艱難，勇於面對特別惡劣的環境，可以積聚財富。

女人有此種鼻，則能在丈夫的事業上助他一臂之力，但他們每因自尊心過強而難於相處，影響婚姻。

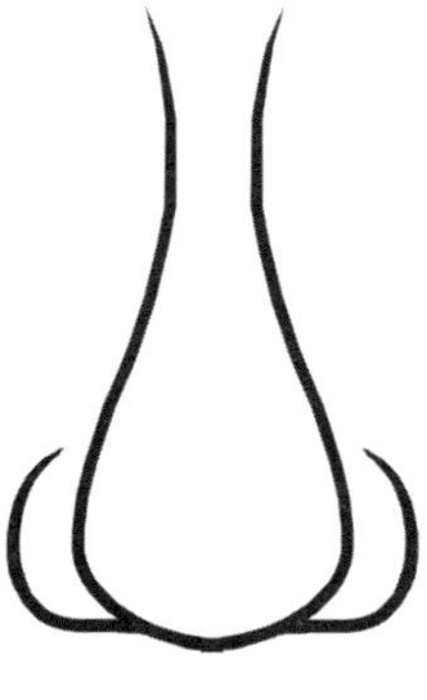

孩子鼻

思想天真

特徵：鼻樑低，鼻頭微翹。

有孩子性格，遇事每喜發問，愛慕年紀較大之男性。所以女性有孩子鼻宜嫁年長男性，則一生幸福。

男性有孩子鼻則思想天真，一生不能面對現實，難有成功之機會。

觀嘴知人

常見於男人

四字嘴

特徵：上下唇厚薄均勻，合起來時嘴形略呈四方或長方狀。

性格：說話謹慎，較利從官，責任感強，不會拋妻棄子。若加上牙齒整齊緊密，即為最值得信賴的男人！

雷公嘴

特徵：人中（鼻與唇之間的坑紋）長，嘴唇略尖。

性格：固執、愛嘮叨，有俠義心，較大男人主義，與子女無緣兼剋妻（對妻之運程不利）。

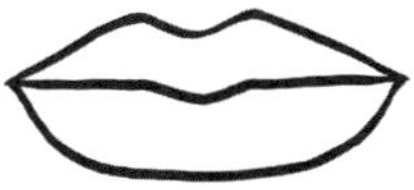

常見於女人

嗌交嘴

特徵：嘴唇較薄，上唇中間位置生成啄形。

性格：事無大小，都愛與人爭論，而且永遠不認輸，因此經常招惹是非麻煩。

唱歌嘴

特徵：嘴唇較厚無菱角，唇紋較多。

性格：雖有唱歌天分，但不善辭令，不宜多說話，否則容易得罪別人，而且腸胃常出現問題。

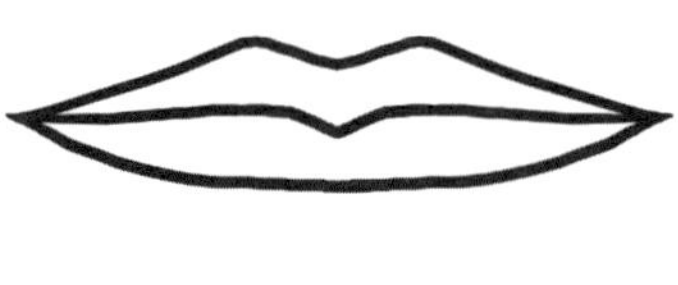

男女都常見

仰月嘴

特徵：合起來時兩邊嘴角微微向上翹。

性格：為人樂觀，脾氣溫和，男是好好先生，女是好好太太，且晚年運尤佳。

覆舟嘴

特徵：合起來時兩邊嘴角微微向下彎。

性格：若配肥大下巴，會大富大貴，但會剋妻（夫），與子女無緣；若無肥大下巴，則性格悲觀，夫妻緣薄，晚年孤獨貧困。

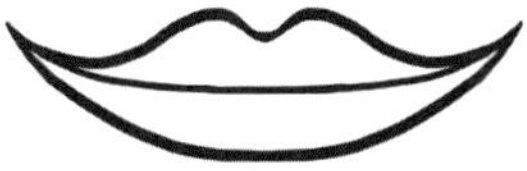

翹嘴

特徵：上唇稍薄明顯向上翹。

性格：善於辭令，最會說好話，適宜做靠口才賺錢的工作。

歪嘴

特徵：嘴形天生歪向一邊（患病或意外導致的不算）。

性格：說話無句真，又喜反口食言。若加上門牙疏，多數靠不住！

女人口大食窮郎？

「女人口大食窮郎」這句俗語在今天的相學來說已不合時宜，因為口大代表善於交際應酬，人較大膽；而口小則代表保守內向，人亦膽小。所以古時女兒家絕不宜口大，只應留在家中相夫教子。但時至今日，男女一樣出來社會工作，口大反而有利工作。

天生大話王

有些人天生愛説謊，甚至已把説謊變成生活的一部分，自己亦不察覺自己在胡謅。從部分撒謊者之面相，可知其天生本已愛説謊，也就是因太多言而言詞有失，變成謊話。現把易説謊者之面相特徵一一列出來供各位讀者參考。

大話王基本面相

一、**嘴歪**——不管是平時嘴歪或説話時嘴歪，都是天生大話王。有此種嘴形之人不覺得自己在説謊話，因為他們已進入了化境，根本連自己也分不清自己在講真話還是講假話。

但因後天病態或意外所形成之嘴歪則不在此例。

二、**門牙縫疏**——門牙縫疏者，愛說話，不停口。俗語有話：「言多必失」，又門牙縫疏代表說話時好誇大，以致漸漸變成慣性說謊而不自知。

三、**眼微凸露兼圓面形**——這種人天生愛講話，有意思、無意思的話都講一大堆，變成廢話連篇。這種人其實不懂又喜歡裝懂，談論甚麼話題時都裝成好像專家一樣，予人極討厭之感覺。

但因天生近視，或長期戴眼鏡所導致的眼球凸出，則不在此例。

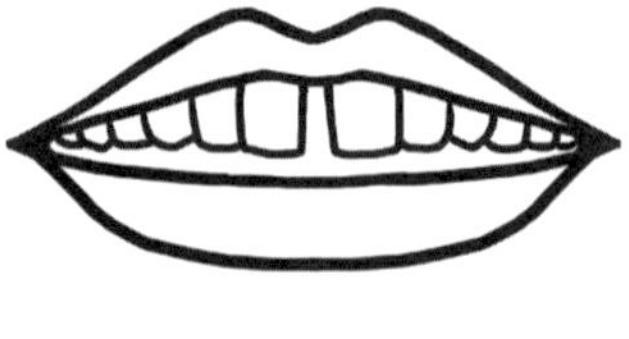

四、口唇有粒珠——如上唇中間有一粒尖肉，代表其人愛説話，不認輸，吵不贏絕不會住口。如門牙不佳則易變成大話王。

五、舌頭尖小——天生愛説話，愛搬弄是非，如加上牙疏則有嚴重之説謊傾向。

六、吹火嘴——似漫畫裏所畫的「八婆」嘴，此嘴形上下唇向外凸出，似在吹東西一樣。得此嘴形者愛説話，每喜説三道四、搬弄是非，説話爭吵是她天生的本領。所以凡遇此種嘴形，少與她爭吵為上。

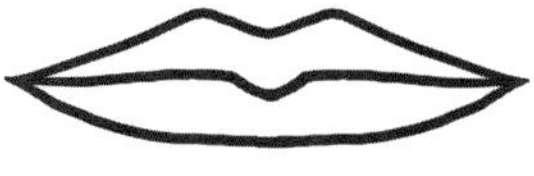

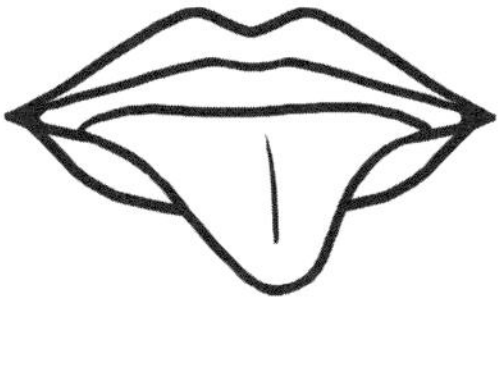

七、齙牙兼露牙肉——齙牙者愛說話，露牙肉者不能守秘密，兩者加在一起便會變成口不擇言，每每誇大其辭，變成謊話。

八、上唇翹或薄——天生說話有技巧，如加上眼神不定或嘴形不端則會變成天生大話王。由於這種嘴形的人說話極有技巧，故即使他在說謊也極難察覺。

大話王排行榜

一、嘴歪

二、牙疏

三、面圓眼露

四、吹火嘴

五、哨牙

愛說話排行榜

（有此特徵者加上有說謊特徵，便會變成有說話技巧之大話王。）

一、口唇有粒珠

二、舌頭尖小

三、上唇翹

四、上唇薄

五、露牙肉

如何知道對方在説謊？

一、**眨眼且滿臉笑容**——當一個人對你説話時雙眼不斷地眨，代表其內心緊張，而笑笑口則代表他想以笑面來掩飾其內心之緊張。只要發現此兩種動作加在一起，便知道其在説謊話。

二、**顧左右而言**——説話時雙眼常常左顧右盼，代表其人根本無心與你講話，或口不對心，腦內正在盤算要如何與你應對，言不由衷。

三、**低頭而後語**——低頭代表其正在思想，而後語，則代表其三思而後話。與這種人講話大多不真實，不可輕信其言。

小人相

我們身邊無時無刻都有小人存在，要了解小人有甚麼想法，首先要了解他們的心理狀況。一般而言，小人的成就通常都不夠你高，因而產生妒忌心理，希望有一天你會跌得比他低，甚至希望你最好一跌倒地，永不翻身。其實，他們本身有這種想法已經很可憐，因為他們只是一心希望你跌下來後，地位成就會比他低，而非希望有朝一日能超越你。有這種想法的人，你認為會成功嗎？即使一時得到老闆的信任而加以重用，最終都會因能力不濟而打回原形。

所以對付小人的方法就是不理他們，然後盡力做好自己，使他們即使想在背後說是講非亦欲說無門。當你了解了小人的想法後，便不難組織他們的面相特徵了。

特徵一

眼細而雙目無神。眼細的人喜歡把事藏於心中，即使不喜歡你亦不會正面表現出來。眼無神則膽子小，不會跟你有正面衝突。

眼細、眼珠細、眼神下視、眼神閃縮、腮骨橫張。

相掌篇

特徵二

鼻細或鼻樑低，以上兩種面相的人均較為圓滑，很少與人發生正面衝突，但他們大多殺人不見血，會盡量利用旁人的力量來對付你，自己則不用費一分一毫。

特徵三

嘴歪牙疏，此相之人愛搬弄是非，常以是非賣人情，又口不擇言。如果你有甚麼秘密讓他知道，就等於全世界人都知道。

特徵四

眼神閃縮，常常左顧右盼，為人心術不正，機心重，常想辦法令自己得到好處。而最現成的辦法，就是出賣朋友，以達自己的目的。

特徵五

常低頭俯視。這種人機心重，一定不會和你有任何正面衝突。又此類人手腕圓滑，善於借力打力，不得不防。

特徵六

耳後見腮，此類人報復心強，破壞性強，與你為敵之時，即使對他沒有好處，他也會想盡辦法將你置諸死地。如果他是你的下屬或同事，亦會在離開公司之時，想盡辦法，破壞一切。

痣痣之謎

瘻和痣會在很多人的面上出現，但你知不知道這些瘻痣會影響你一生的運程呢？所謂面無善痣，見皆不利。

耳部

耳部主要分為耳輪、耳廓、耳珠、風擋及風擋前的命門位置。

耳輪——耳輪有痣主為人聰明，思想靈活。

耳廓——耳廓有瘻痣主壽，代表能增加其人之健康運程。

耳背——主孝，父母緣分較佳。

耳珠——耳珠有瘻痣主財運佳、能聚財，尤其是六十歲以後，晚運亨通。

耳前——耳前為命門部位，如有痣瘻代表身體健康欠佳——左耳前代表三十歲前，右耳前代表三十歲後。

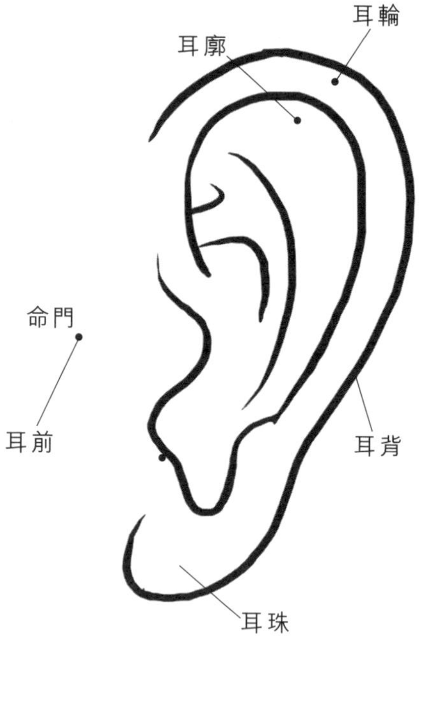

耳輪
耳廓
命門
耳前
耳背
耳珠

額部

額部分為十三個部位，各有不同代表。

火星、天中——火星、天中有癦痣，代表十五、六歲時學業不佳，早踏社會，與父緣薄，宜在外地讀書或半工讀，早做暑期工。

日月角——代表父母身體欠佳欠緣。日角代表父親，月角代表母親。

天庭——代表缺乏長上貴人之助力，與父緣薄，一生要靠自己奮鬥才能達致成功。

輔角、邊城——輔角、邊城為驛馬宮，如有癦痣主不利外地發展，而外遊時亦會常有不愉快之事。

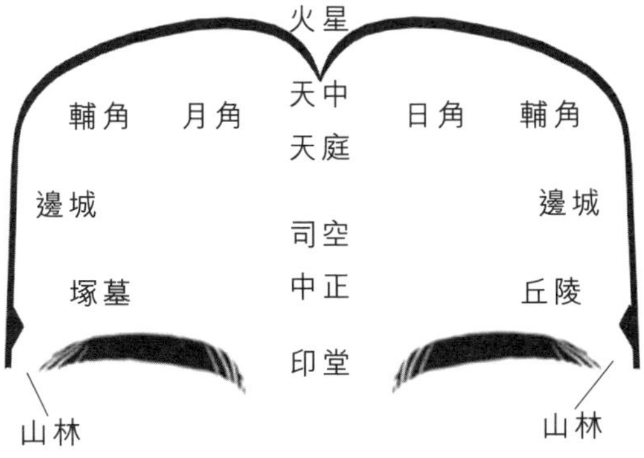

司空、中正——司空、中正為官祿宮，如有瘻痣不宜官門發展，要任武職或靠個人力量方能達致成功。另外，此亦主父母無緣。

丘陵、塚墓——丘陵、塚墓代表一切玄妙鬼神之影響。如有痣代表祖先風水祖墓欠佳，亦主外出求神時常有險阻。

印堂——印堂為願望宮。印堂有痣代表一生人較悲觀，難以適應社會之極速變化，亦主父母緣薄。但自己能有一定之成就。

山林——山林為左右太陽穴之部位。如有痣表示有隱居山村之癖，亦主三十歲前不能聚財。

眉眼部

眉、眼部位主要分為凌雲、紫氣、繁霞、彩霞、交鎖、額路、魚尾、龍宮、臥蠶、太陽、中陽、少陽、太陰、中陰、少陰及眉上之福堂、眉下的田宅宮。

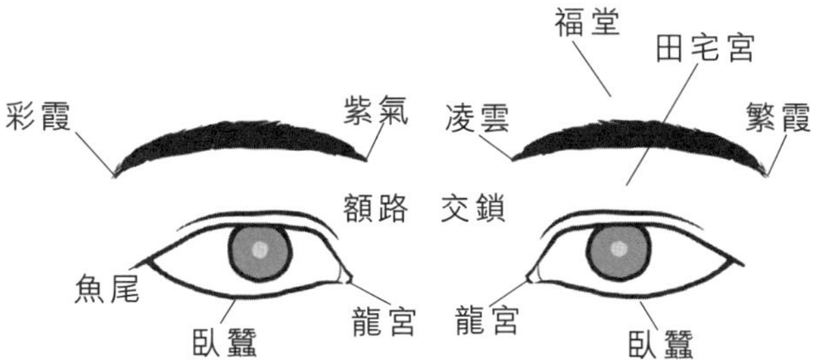

眼內

左眼頭——太陽

左眼珠——中陽

左眼尾——少陽

右眼頭——太陰

右眼珠——中陰

右眼尾——少陰

凌雲、紫氣——凌雲、紫氣在左右眉骨之內，與眉無直接關係。除非你的眉毛剛好生在眉骨之上，即為同一部位。凌雲、紫氣有明亮的意思，有痣瘻等如浮雲閉日，有志難伸，但瘻在眉毛內則無礙，且人有才智。然而，有痣則一定不佳，因痣為凸出之物，有即主破眉，主有兄弟生離死別，手部容易受傷，左眉左手，右眉右手。

繁霞、彩霞——「繁霞」、「彩霞」是整條眉的名稱。眉有痣，人稱禾桿蓋珍珠，有珍貴的意思。其實禾桿蓋珍珠與「腳踏一星，能管千只，腳踏七星，能管天下只」或胸前有痣為「胸懷大痣」一樣，同為錯誤。事實上，眉內有瘻代表能增加其人的聰明度，但是還要察看其眉毛是否幼細，眉形是否齊整，其眼是否有神，才能斷定其人是否聰明有智慧。又眉毛有痣瘻而眉濃代表一生易犯水險，眉疏代表易犯火險，左眉則一歲、十歲、十九歲、二十八歲、三十七歲、四十六歲、五十五歲要注意；右眉則七歲、十六歲、二十五歲、三十四歲、四十三歲、五十二歲、六十一歲要注意。

交鎖、額路——此兩部位在眉頭稍下的位置，此部位有㾊主一生有一次牢獄之災（被扣查廿四小時以上），其應驗年歲與眉毛同。

田宅宮——田宅宮位於眉眼之間，是觀察家人緣分好壞之部位。田宅宮闊代表重親情，田宅宮窄代表親情淡薄（包括父母、兄弟），但不論闊窄，田宅宮有痣㾊皆代表不能承繼家中遺產。

福堂——福堂在兩眉之上。近眉頭處為內福堂，眉尾處為外福堂。內福堂有痣㾊，常常會出現迫切之金錢短缺問題；外福堂有痣，則會出現遠期之金錢問題，例如集資發展、買房子時資金不足等。

龍宮——龍宮位置有痣㾊，易有感情障礙，於三十二、三十五、三十六等年歲要特別注意。

魚尾——魚尾位於眼尾，為夫妻感情宮，是察看夫妻感情、健康之部位。如眼尾有痣代表夫妻感情欠佳或易生疾病，而左眼尾代表夫，右眼尾代表妻。左眼有痣者，在二十三歲、三十二歲、四十一歲、五十歲要特別注意；右眼有痣者，則要在十七歲、二十六歲、三十五歲、四十四歲、五十三歲特別留意。但要注意眼尾本位為三十九及四十歲，所以問題會更嚴重。

三陽、三陰——三陽、三陰即左眼內及右眼內。眼白內有痣，易有色情事件、婚外情、多角關係。左眼代表三十三歲前，右眼代表三十歲後。

臥蠶——其位在眼下之小肉，其形如蠶蟲，故名「臥蠶」。臥蠶有痣瘺為子女無緣之象，左臥蠶為子，右臥蠶為女。近眼頭處為長，眼中為次，眼尾為三。

鼻顴部

鼻顴部主要分為山根、精舍、光殿、年上、壽上、夫座、妻座、準頭、蘭台、廷尉、左右顴等部位。

山根——山根有痣瘻為嚴重影響婚姻之象徵，尤以凸出之痣為甚，代表一生感情不佳，易有離婚之象，於二十、二十九、三十八、四十一、四十四歲時要特別注意。另外，山根有痣，要四十五歲以後才能有穩定的感情。

精舍、光殿——精舍、光殿在山根之左右兩旁。如此部位有痣瘻，代表腎、膀胱、泌尿系統出現問題，宜多加注意。另外，此亦主易有感情障礙、色情事件。

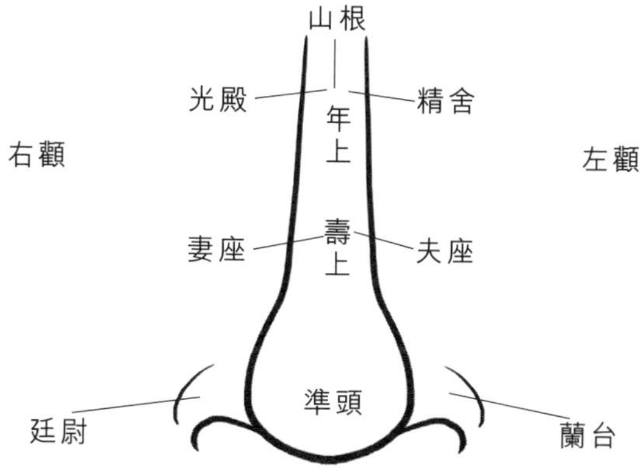

年上、壽上——年上、壽上合稱「疾厄宮」，是觀察疾病、厄運之處。如年上有痣癦，家人易生疾病；壽上有痣癦，則自己一生身體不佳，宜多做運動，加以鍛鍊。

夫座、妻座——鼻之左側為夫座，右側為妻座。夫座有痣癦代表一生易有感情問題，且多由男方引起；右邊妻座有痣癦則一生多有感情問題，並由女方引起，其年歲與山根相同。

準頭——準頭為財帛宮，代表正財。準頭有痣癦代表易破正財，意思是多正常花費，又主得貴子。

蘭台、廷尉——鼻頭之左右稱為「蘭台」、「廷尉」，是察看偏財之部位。此兩部位有痣癦主一生易破偏財、無端破財。蘭台主三十歲前，廷尉主三十歲後。

左右顴——左右顴是察看權力、人際關係之部位。如兩顴有痣癦，一生易受朋友下屬所累，尤其是四十六歲、四十七歲這兩年要多加提防。

嘴部

嘴部主要分為食倉、祿倉、人中、水星、海角、承漿等部位。

食倉、祿倉——食倉、祿倉位於嘴與鼻之間的上唇部位，如此部位有痣癦代表一生好客，常因請客而破財。

人中——人中是位於鼻與嘴之間之小坑，此部位代表子女緣分。如人中有痣癦，代表子女緣分薄弱，尤以五十一歲後為甚。

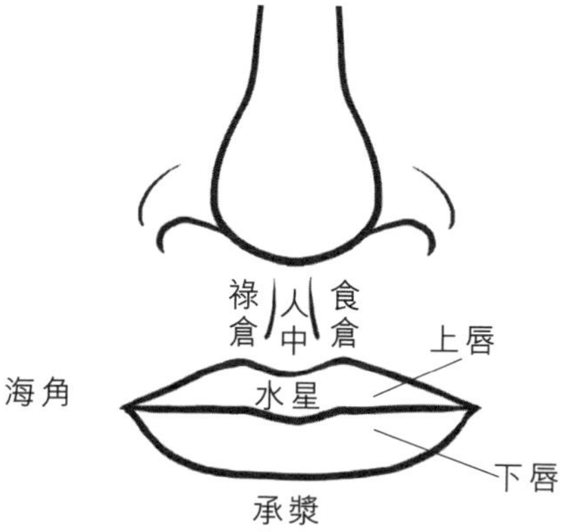

水星——水星即是嘴部。嘴唇內有痣叫作「食痣」，主多飲食。惟上唇唇邊處有痣則非食痣，只主其人胃腸不佳，易有腸胃疾病，如腸瘤、息肉等，要多加注意。

海角——海角即嘴角，海角有痣為是非痣，主其人好說三道四，易招是惹非。

而海角下即下唇之下有痣，代表其人常有金錢短缺之象，但並非代表其人貧窮，因為即使出身富裕，亦會覺得金錢短缺。

承漿——承漿位於正口之下，此部位有痣代表飲食容易出現問題，如酒量不佳而又好飲，或容易出現食物中毒、腹瀉等問題。

頤部

頤部即下巴，主要部位有地閣、奴僕宮、波池、鵝鴨、歸來等部位。

地閣——地閣為整個下巴之總稱，而地閣亦代表家。地閣有壢即家內穿孔，代表其人家中有漏水的情況出現，如窗門浸水、廁所漏水等。

奴僕——左右奴僕又稱為「奴僕宮」，是觀察奴僕得力與否之處。如奴僕宮有痣壢主缺乏奴僕之助，又左面為男僕，右面為女僕。

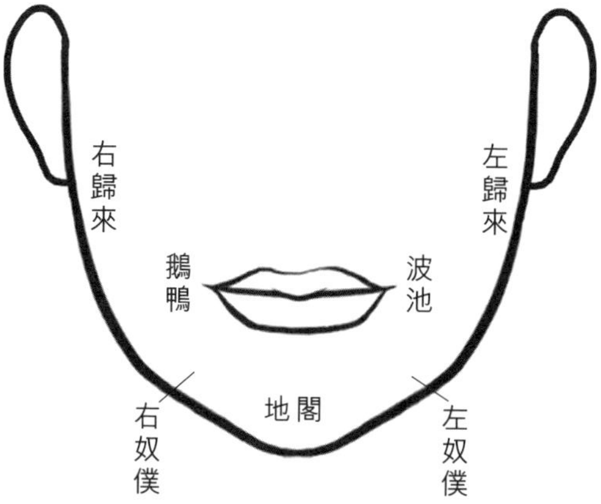

歸來——歸來是察看晚年時，兒女是否在身旁之部位。如歸來有痣瘻，代表晚年兒女緣薄。左面歸來代表兒子，右面則代表女兒。

波池、鵝鴨——波池、鵝鴨在古代農業社會，是一個重要的部位，因波池、鵝鴨有痣瘻代表家畜會相繼死亡，損失慘重；現代則代表寵物健康不佳，其年歲代表六十四、五歲。

面部

面部即面。波池、鵝鴨、法令亦在面部之內，但波池、鵝鴨在上部分已詳述，故面部現在只剩下法令有其代表。

法令——法令即法律和命令，法令有痣癦代表其命令不能下達。左法令代表三十歲前，右法令代表三十歲後，又法令代表腳，故法令有癦痣亦代表腳易受傷。左法令為左腳，右法令為右腳。

而面之其他部位其實沒有甚麼特別重要之代表，所以面上有癦宜以美觀之角度看待。

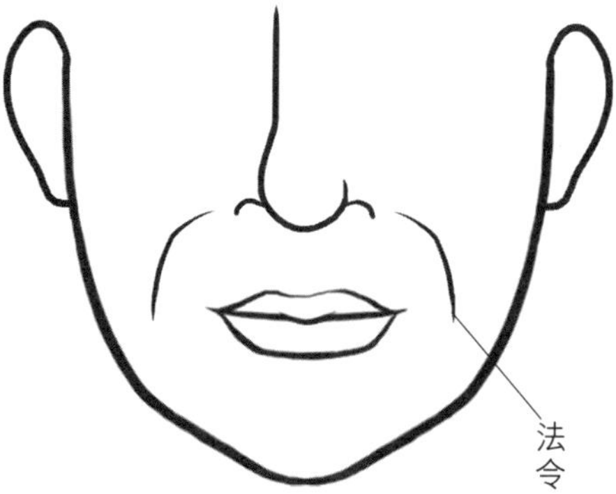

應否脱癦？

癦、痣其實是一個統稱，正確應分為斑、痲、痣、癦、靨。淺色為斑，如雀斑；凹者有洞為痲；凸者或凹而有毛或一大片者為痣，如胎痣；平面帶紅或黑者為癦；淺而極細點叫靨。但不論何種痣癦，其影響大致相同，胎痣則無影響。

人之面上生痣癦，其實是五臟之表徵。有之於內而形之於外，所以單單把面上之痣癦脱去，並不能改變其對命運之影響。所以，大家應以美觀之角度去考慮應否脱癦，而不是用命運之角度去考慮。

色狼有樣看

色狼之定義是他們會在有心無意之間佔女性便宜，甚至會做出非禮強姦的行為。其實人們之所以會變為色狼，主要是因為他們對異性有追求、有幻想，但又不敢循正常社交途徑來結交，更不敢去嫖妓，以致滿腦子性幻想。直到時間、空間有機會之下，便做出越軌行為，犯下彌天大禍，被人看不起。

從面相上觀察會否變為色狼，可從以下特徵研究。

一、**眉毛粗黑而濃加雙目無神**——相書有云：「眉粗壓目神無助，帶埋藤條跪妻房」。眉粗黑又濃代表好色、膽小、怕老婆、怕女人，再加上眼無神則色情心重，易有桃花劫。從以上特徵可推測，其人容易有越軌行為，且有偷望、坐公共汽車時靠近女性，乘機非禮之機會。

二、**眼不敢正視人**——眼不敢正視人的人，每喜將心事藏於心中，就算喜歡一個人也不敢跟人表露，以致朝思暮想。到不能自拔之時，便會做出越軌行為，例如常常暗中跟着心儀之對象，或到她的家或工作地方附近等她，令人覺得他精神有問題或變態。

三、**嘴唇厚但嘴細**——嘴唇厚代表情欲旺盛，嘴細代表膽小、不敢表露。結果，到一朝情欲不能控制要爆發之時，卻因為他膽小——既不大可能成功追求正常異性與他共度一宵，亦不敢用錢嫖妓，以致在時空配合之時做出越軌行為，變為色狼。

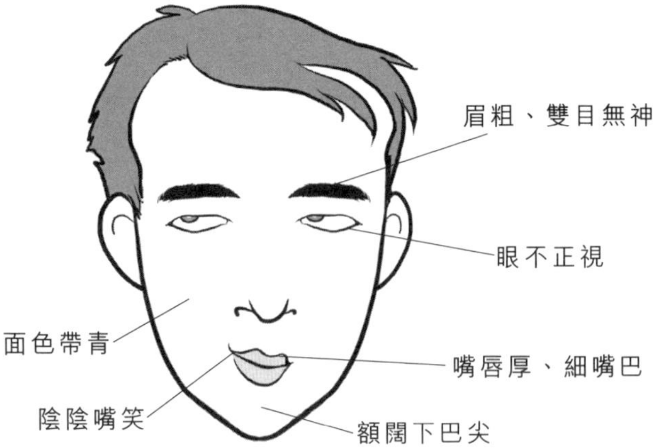

色狼相

四、面色蒼白帶青——此面色好幻想又不敢付諸行動，以致偷偷摸摸，甚至偷人內褲。

五、笑時陰陰嘴——分明就是好色之徒，不用解釋。

六、額闊下巴尖——即倒三角形面形。這種面形愛幻想，但無行動，如加上其他特徵則色情心重，容易成為色狼，且是有智慧、有智謀之色狼。

犯官非相

犯官非分為文官非和武官非，文官非主要為行騙、貪污、盜竊等事，很少涉及暴力事件；而武官非則為打架、傷人、殺人、撞車等。

犯文官非相的人，一般面色較白，衣着亦較斯文，從外表上根本看不出他是一個罪犯，又此類人大多攻於心計，即使騙了你，也不一定能察覺得到。

想看人會否犯文官非，其實可集中觀察其眉、眼及嘴三個部位——眉為思想，眼為決斷，嘴為口才。一般來說，這種人的眉毛較弱、較疏、較幼，且眉尾大多散亂，可見此類人攻於心計且投機心重，不喜歡一步一步捱上去，大多喜走捷徑，望能一朝發達。

眼為決斷力，如眼神堅定則決斷力強，不易為外界所動搖，即使有機會因犯罪而獲得一筆金錢，亦不會動搖其意志。相反，眼神柔弱的人大多猶疑不決，易受外界誘惑而動其意志，因而作出犯罪行為。

嘴為言語之官，有些專業騙徒每用如簧之舌行騙，他們連樹上的了哥也能叫下來，更何況一般市民？靠嘴巴行騙的人，除了上唇較薄、牙外露或疏露外，還有眉毛散亂的特點。

犯武官非的人一般膚色較黑，眉骨凸露，眉粗亂，眼神流露或目露凶光，鼻呈劍脊狀或有鼻節，顴骨橫張，嘴唇緊閉。

眉毛粗代表其人粗心大意，眉毛亂則情緒混亂，眉骨凸露就代表性格衝動。具有以上三點者，已足以構成犯罪行為。另外，眼神流露、非姦即盜，目露凶光者，其人凶狠，報復心強；劍脊鼻及露鼻節者之個性，與眉骨露相同；顴骨橫張者，常有打架爭鬥等禍事；嘴巴緊閉者，則意志力強，不服輸。如加上以上數點，則更容易成為一個罪犯，每每因而惹上官非。

血光之災

有些人天生常常會遇到血光之災，如閣下有以下的特點，不要害怕，因可捐血化解。

天生意外多之五大特徵：

眼

三白眼——驚險人生

不論上三白抑或下三白眼，皆主個性較強，往往會為達目的而不惜代價。這種人雖有成就，但所遇的驚險事情往往相對較多，尤以官非、打架及車禍受傷等為甚。其事發年齡，多在14、17、23、26、32、35及41歲，當中尤以35歲最嚴重，又年齡以足齡加大十個月計算。

眼珠凸露——常有禍事

中國相法認為眼珠凸露容易發生災禍，其實這必須配合瘦面形才會性格衝動，一生多打架爭執之事。如果眼凸但配圓面，只代表口水多多，但個性圓滑，不會隨便得罪人。

四白眼——死於非命

四白眼的人眼珠極小，個性狠毒，報復心重，是極難相處的人。四白眼並不常見，如有此眼一定遭逢凶險，易死於非命。

化解方法：鍛鍊眼神。眼運代表34至40歲，如有凶眼之相，則這幾年問題更大。補救方法之一，就是多做善事及提升個人修養。另外，亦可透過學氣功來鍛鍊眼神，減少災禍。

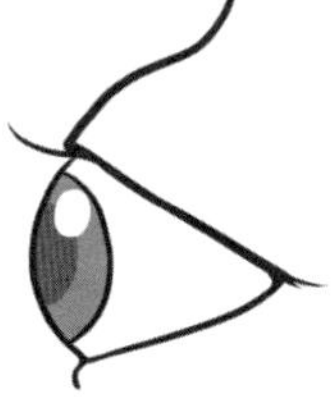

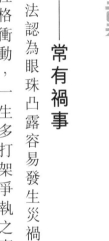

掌

雙重生命線——正宗大難不死

天生容易受傷的人多，但可逢凶化吉的人卻很少。如果你的生命線旁邊有另一條掌紋緊貼而生，看上去似有兩條生命線的話，便代表一生易遇危險，但往往能逢凶化吉。

擁有這條「生命輔助線」的人雖然一生有驚無險，但是否值得恭喜就見仁見智了。

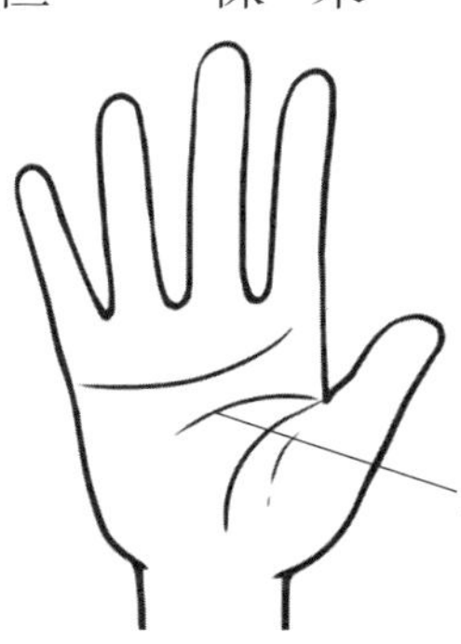

眉

眉毛粗黑——易有血光之災

男性眉毛粗濃代表好色、怕老婆。眉毛粗黑代表陽氣過盛，唯兩者皆主粗心大意，容易發生意外。

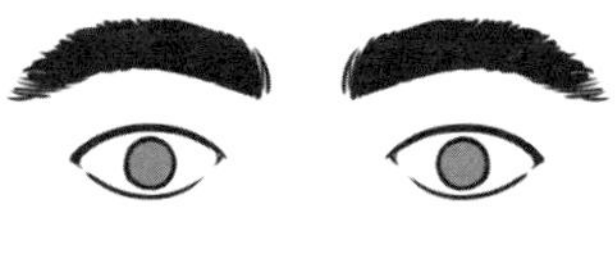

眉低眉骨凸——一生多爭鬥

眉骨凸的人性格衝動，眉低壓目則一生人緣不佳，容易發生爭執，如兩者兼備其生命自然較一般人凶險。

眉毛粗加雜亂——易撞車

眉亂即心亂。如眉毛逆生（尤其是眉頭位置）亦代表不善處理感情，容易為了友情及愛情而情緒不穩。撞車打架之事會不時發生。

眉斷——易損手爛腳

如先天眉毛中斷或因受傷而出現眉破的情況，除了代表兄弟很早就生離死別，亦代表手腳容易折斷損傷。

眉毛稀疏——易惹官非

眉毛能反映個性、智慧及思想行為，如果眉毛非常稀疏甚至類近無眉，就代表智慧嚴重不足，並有潛伏獸性，一生易有官非禍事。

化解方法：由於31至34歲行眉運，所以凡是天生有凶眉的人，這幾年便要加倍謹慎小心。不過，如果雙目有神，黑白分明，則即使發生意外亦會大難不死。至於有兇眉但無眼神的人，除了要控制個人行為外，亦可於行眉運的歲數捐血擋災。

氣息

面如死灰——短期內有意外

察看一個人的氣息時，亦可得知其是否大禍臨頭。如果發現自己的面色無端灰灰沉沉，短期內就容易有血光之災。

化解方法：多留在家。另外，氣息特差時，可以捐血化解，但最好還是留守在家，減少發生意外的機會。

容易受傷要看生肖

原來按照十二生肖或農曆出生的月份，亦可知悉自己哪些部位特別容易受傷。如果你的生肖及出生月份皆屬同一種受傷部位，就更要小心提防了。

生肖	農曆出生月份	最易受傷事件或部位	化解方法
虎／兔／猴／雞	一、二、七、八	車禍	正北長期放一杯水
龍／羊／狗／牛	三、六、九、十二	腸胃	西南及東北面擺放金屬物品
蛇／豬	四、十	腳部、面部	正東放一盆植物
馬／鼠	五、十一	背部	正東放一盆植物

大難不死相

大難不死有樣看，但不要以為大難不死是好相，因為他會遇到大難，只是避得過而已。

看人一生有否大難，主要觀察眉及眼，以及手掌上有沒有生命輔助線。現把特徵詳述如下：

眉

一、**眉毛粗黑又濃**——眉毛又黑又濃，一生易有血光之災。

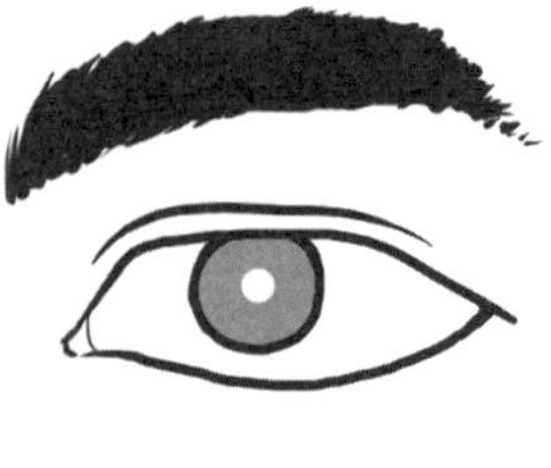

二、**眉骨凸而眉低壓目**——眉骨凸，為人性格衝動；眉壓目，一生人緣不佳，容易與人爭執，增加其凶險性。

三、**眉毛亂且逆生**——眉亂心亦亂，眉頭逆生則不善處理感情，又這不論朋友或男女感情皆如是，所以容易因感情之事而引致心情不定，易有撞車、打架之事。

四、眉毛斷——眉毛斷，代表易因撞車而有手腳損傷。

五、眉毛稀疏甚至無眉——為凶險之相，一生易有官非禍事。

大難不死相

遇有以上其中一種眉毛，但雙目有神，黑白分明，必然大難不死。

眼

一、**三白眼**——即眼之兩側加上眼珠以上或眼珠以下露白皆為三白眼，主有凶險損傷。

二、**四白眼**——即眼珠很小。眼珠大則心地善良，眼珠細則為人兇狠無情，且四白眼易遇凶險，死於非命。

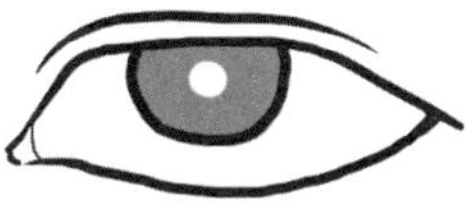

下三白眼

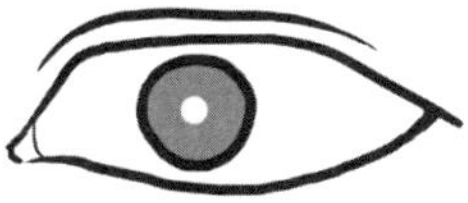

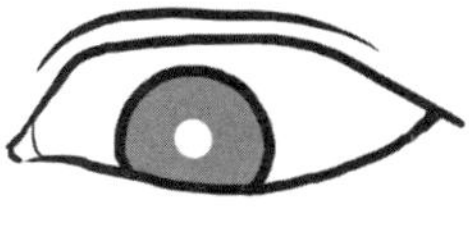

上三白眼

三、**凸眼**——凸眼配面圓代表愛說話，並非凶險之相。但凸眼配瘦面則易有凶險損傷。

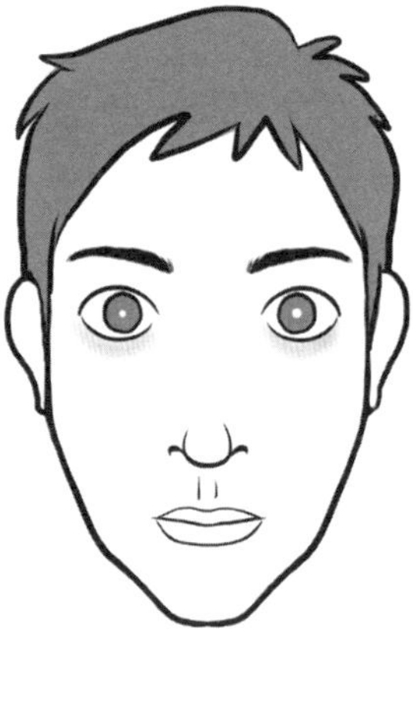

如何能大難不死？

如三白眼、四白眼、凸眼瘦面之人，多加修養，多做善事，自能改動其心，自然有救。

掌

掌上有一條線叫做「生命輔助線」，有此線代表生命會遇到危險，但會有驚無險，最終得救。

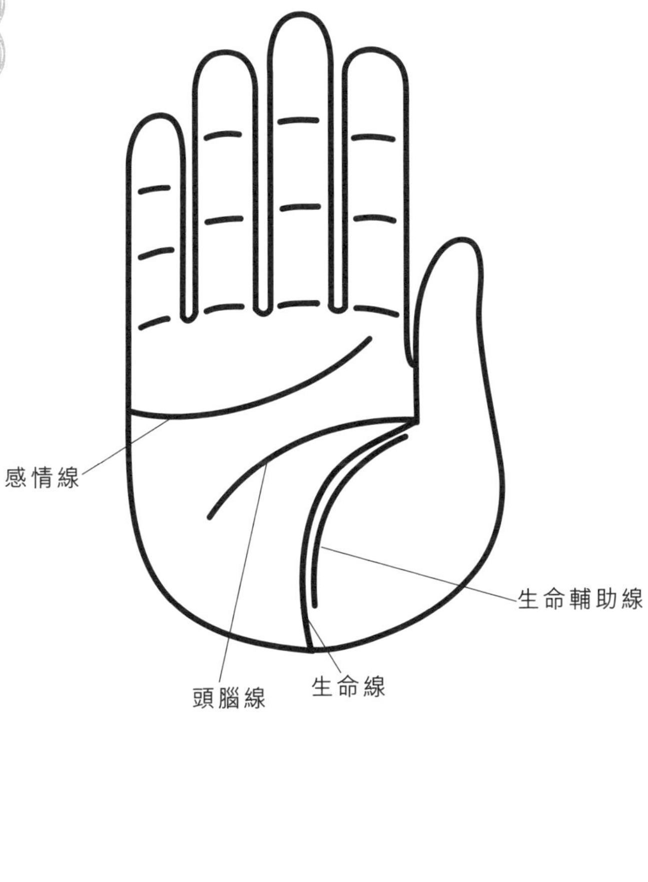

背相、腰相、臀相

背看青年，腰看中年，臀則看晚年。書云：「有背無腰，初富終貧，有腰無背，初困中享」。又常說無臀則無晚福，所以觀看身相時，背、腰、臀非常重要，稱之為「內相」。

背

背要有肉而不露中間之脊骨。事實上，背脊露骨與否與人之肥瘦並無關係，因肥人背厚亦會露骨，而瘦人背薄則不一定露骨。

腰

腰以圓為佳，又腰圓與肥瘦亦無直接關係，因腰圓並不一定要腰粗，即使幼至二十四、五吋之腰亦可以圓。腰部以兩邊有肉為佳，又肥人不一定腰圓，因有一種肥胖為上腹肥胖，俗稱為「胃腩」，相學上稱之為「蛤蟆肚」，即上腹肥大而下腹扁平，被視為勞碌之相。又腰忌扁，因此乃中年福薄之相，所以中年以後即使不肥胖，腰亦要有肉，不能太薄。

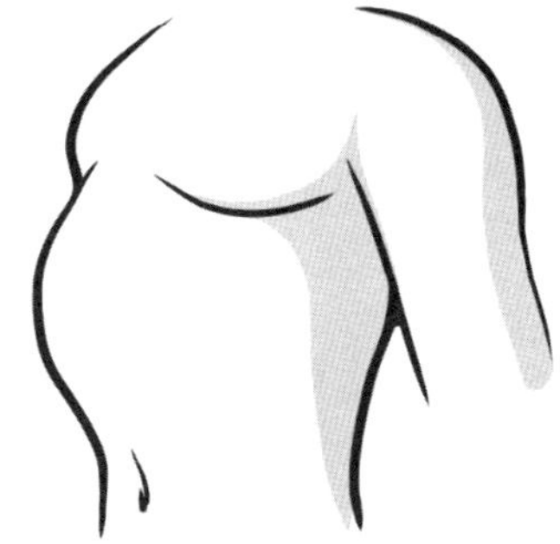

蛤蟆肚。

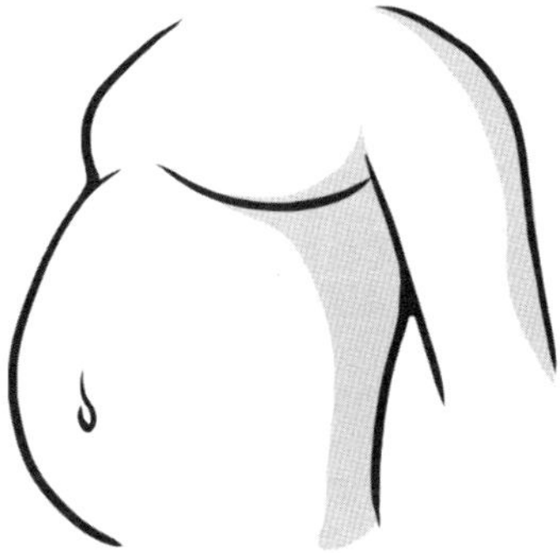

中年肥胖但有福之肚。

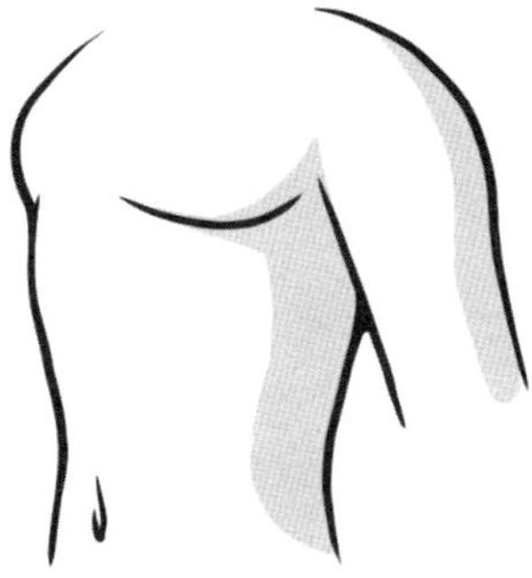

腰要圓，左右兩邊要有肉。

臀

臀部亦以有肉為佳，因臀部無肉則無晚福，其重要性與胸部相同，但比胸部更為重要。女人無臀則無晚福，晚年大多孤獨，雖有子女在旁，肥人無臀則更甚。又臀之形狀較多，可細分如下：

翹起之臀

中國人謂之「淫賤相」，因中國人受儒家禮法影響，認為女性要三從四德，而女性臀部翹起為熱情之相，試看歐美及熱帶地方之女性，臀部大多翹起，所以她們較為熱情主動。不過，東方女性有此相者，便會被人說成「淫賤」。不過因現代社會風氣日漸開放，女性亦可以主動去結識自己喜歡的異性，所以此臀並無問題。而男性臀部有肉翹起，則不論古代、現代，皆為色欲較強之相。

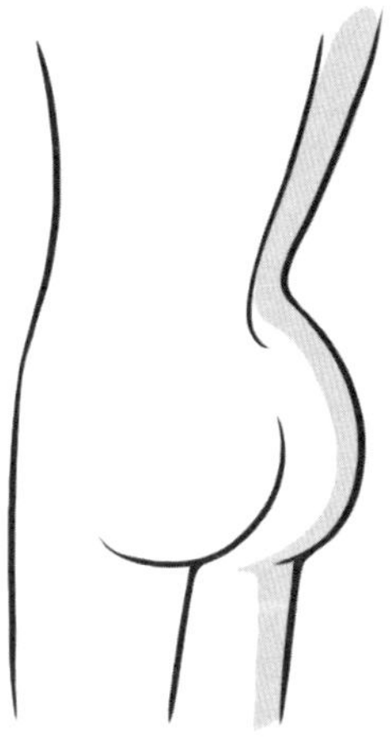

圓臀

圓臀為正常之相，有晚福，子女運佳，為豐衣足食之臀。

方臀

方臀者，臀部稍為下墮並橫向兩邊。方臀為勞碌之臀，一生勞勞碌碌，難有大成，但衣食無憂。

扁平臀

臀部最忌扁平，主無晚福，子女緣薄或無子女，為孤獨之相，宜多做善事，廣結人緣，以補親情薄弱。

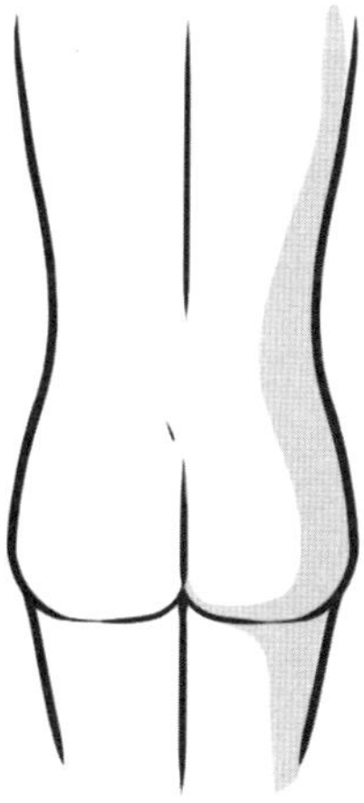

BB形臀

BB形臀者，其左右兩邊之肉聚向中間，形成中間較多肉但兩邊肉薄，似BB之臀。這種臀部以女性較多，主心地好，但有點神經質，有孩童之性格，愛撒嬌。不過，有此種臀部者，一般易得丈夫寵愛，且丈夫有一定之地位及財富。

瘦臀

臀部最忌瘦而兩邊凹陷無肉，主一生較為辛苦，惟辛勞往往得不到應得的回報，為多勞少得之相，如人肥臀瘦則更忌。

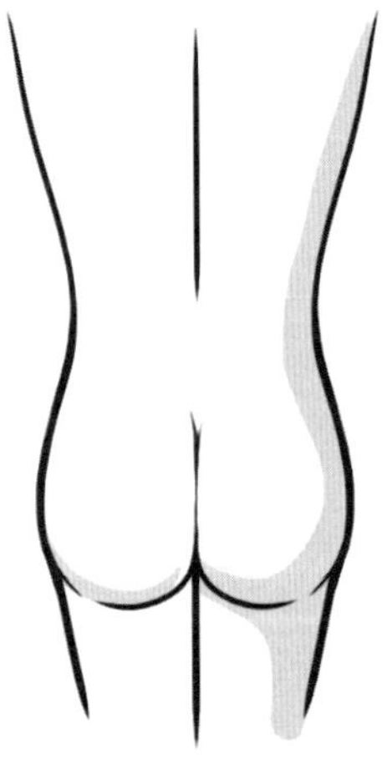

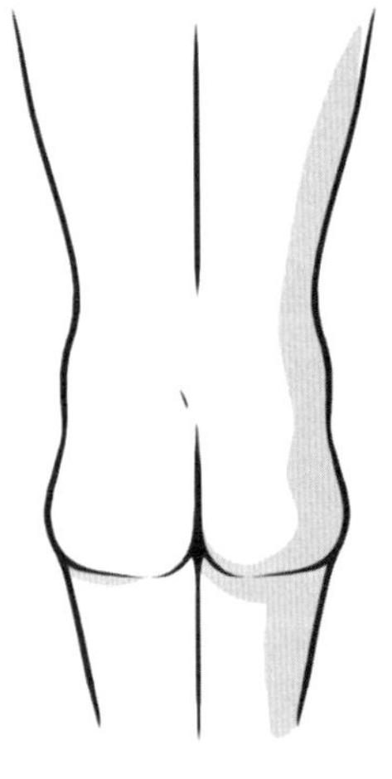

聲相

聲音與人有極大之關係，單從聲音就可斷定其一生之吉凶、好壞、富貴或貧賤。

聲音宜發於丹田，聲音發自丹田者為上聲，主人有氣魄，福澤綿長，遇事能斷，能成大器，為富貴之格。

聲音發自胸口為中聲，代表富貴一般，不失衣食豐足，小康之格。

聲音發自喉嚨為下聲，主做事虎頭蛇尾，每遇困難便退縮不前，終致一生潦倒，無大成就。如女性聲弱則靠夫，以夫為主，反屬吉象，但仍不免身體較差。

相學上宜男似男聲，女似女聲。

男帶女聲代表其人器量小，不宜做戶外之工作，因聲音帶女聲之男性的天生思維比較接近女性，所以大多較溫柔，有藝術才華，而且注意生活瑣事，人較細心。但男帶女聲不免一生多憂思，因為氣之不足，一般較短壽。

女帶男聲，有男子氣慨，為巾幗鬚眉，能幹大事。惟女似男聲大多夫緣不佳，三嫁而未休，書云：「何知此人三作嫁，鳳毛額上角，女作丈夫聲。」

又聲音以響亮為佳，士、農、工、商，聲亮必成。又聲亮多為長壽之徵，如古稀老翁，見其聲亮，必福壽綿長。老人如聲弱，不是有暗病，便是有憂思，如子女不賢或不能自立等。

聲大宜清，聲大如破鑼亦為破格，縱得錢財，亦勞碌辛苦，為一生不得清閒之格。

男人最忌無聲，必難成大事，無男子氣慨，做事畏首畏尾，予人拖泥帶水之感。

女人最忌聲利（尖），書云：「面橫聲利，閨房獨守」，為剋夫之象，因聲利之女性，無忍耐力，怕吃虧，常會因小失大。

總而言之，聲宜清，宜亮，宜綿長。忌速、尖、破、無。

步姿論吉凶

原來中國相法除注重面相、掌相之外，行、坐、食、聲等亦非常重要。相學有云：「行如風，坐如鐘，立如松，食要狼吞虎嚥，聲如洪鐘等，皆論其重要性。」

行相可入於內相之一種，且比掌相、面相更加重要。如懂得觀察行動之吉凶，就可判斷其人之格局大小，富貴或貧賤。

吉相

行如風——行路時手腳不會大搖大擺，但步大如風，行動迅速，如一陣風飄過來，此等人做事迅速，決斷力強，不喜歡拖泥帶水，能成大事。

步履遲緩——為福壽之格。得此格者，行動時步履緩慢，步幅細小，但上身穩重，如大石般移動。此種人性格樂觀，一生少煩憂，泰山崩於前而面不改容，處變不驚，乃俗語所謂的「淡定」之格，一生福分自佳。又因其性格柔和，自然身體少患，又為長壽之格。

不徐不疾——行路快慢適中，步履穩重，亦為中人之格，一生少災禍，為衣食豐足之格。

凶相

蛇行——行路如蛇一樣左搖右擺，為輕浮之相，雖富亦不久。此格主其人心思常變，感情不定，男命婚姻不佳，女命易落風塵。

雀躍——行路如小雀在跳躍，在小朋友或老人身上為吉兆，代表有活力，思想天真，而老人反老還童更為長壽之徵。但一般年齡之人如有這樣的表現，則代表其人輕浮，不守承諾，心意不定，難成大事，縱有家財亦漸漸消散，為難成大事之格。

腳跟不着地——走路時腳跟不着地代表其人好高騖遠，喜走捷徑，縱得一時之財富，最後亦會失敗收場。相書有云：「行路腳踭不着地，敗盡田園走他鄉。」

頭垂——男子頭垂為天柱（頸）傾頹。行路頭垂者一生常多憂思，為悲觀之格，他們自視過高而又膽小無進取心，一生孤芳自賞，終致一事無成。

狼行——走路時常低頭後望曰「狼行」，此種人提防心重，不易輕信於人。因其有害人之心，故常擔心別人會加害於他，形成狼行之格。

頭先過步——走路時頭先身後，好像趕時間一樣。這種人做事過急，喜速戰速決，但做事前往往沒有經過周詳之考慮，縱使一時運佳或得財，最終亦會一無所有，失敗收場。書云：「頭先過步雖富不久」。

大動作——行路大動作，雙手擺動得大，其人思想天真，做事有衝勁，樂於助人，但心思不夠細膩，易開罪人，難成大事。

雙手放於背後——為憂思之相。常見老人行路時雙手放於背後，看似安樂，其實寂寞。年青人有此格，代表做事過於謹慎，缺乏信心，怕失敗。

步法

行動時腳尖向前，為正常步法，代表思想言行一致。

八字腳——有外向之心而無外向之能。

入字腳——性格內向。

女似男步——女性走路動作似男性者，又不論其屬天生或後天模仿男性，其人必行動迅速，作事衝動，但不一定代表魯莽，只是不喜拖泥帶水而已。但整體吉凶切要察看她是否長有男相，如無則行事衝動，只是魯莽而已。如女生男相則必有一番成就。

解救
玄機

染髮有玄機

原來不同之命染不同之頭髮顏色，會有不同之影響。如配合得宜則有助運程，但配合不當則有反效果。染髮時，我們可根據寒命、熱命、平命的分法去分辨不同季節出生之命應配合哪些染髮顏色。

寒命人——立秋後（西曆八月八日）驚蟄前（西曆三月六日）陰氣重，宜染青、綠、紅、橙、紫之顏色系列，有利運程及思想之發展。

熱命人——立夏後（西曆五月六日）立秋前（西曆八月八日）陽氣重，宜染白、金、銀、黑、灰、藍等冷色系列，有利運程思想之發展。

平命人——生於驚蟄後（西曆三月六日）立夏前（西曆五月六日）。因平命人出生時之氣候溫和，故木、火、土、金、水五行皆可為用，然以金、水較佳，所以亦利白、金、銀、黑、灰、藍等冷色系列。

本來顏色對人沒有太大的影響，但因頭髮生在頭頂之上，而每個人的氣皆由頭頂百會穴而出，所以百會穴所接收的不同五行顏色，會對大腦產生不同的影響，因而發生作用。

染錯顏色容易有反效果，例如寒命染錯白、金、銀、黑、灰、藍之顏色，會陰上加陰，增加其消極性，繼而影響運程。由於寒命人生於秋、冬、初春氣寒之時，屬陰，每易缺乏安全感，故用暖色能陰陽調和，增加其積極性，但用冷色就會產生相反效果。

相反熱命本已陽氣重，如再用青、綠、紅、橙、紫等陽色系列之顏色，則會令其更加急躁，易發脾氣，缺乏忍耐力。故此，如用冷色調和則有陰陽互補之效果。

平命人生於農曆二、三兩月，氣候溫和，雖陽氣漸壯，但不失溫和。儘管冷色較為有利，但用錯熱色亦不會有大影響。

五行顏色

木——青、綠

火——紅、橙、紫

土——米、黃、啡（中性顏色）

金——白、金、銀

水——黑、灰、藍

天生白髮怎麼辦？

原來少年白髮，為與父無緣或父無助力之徵兆。與父無緣即自少生離死別；父無助力即父親軟弱，難有所成。如要染髮，可採用五行染髮助運之法來改善運程。但如果閣下對染髮極為抗拒，亦可用帽子顏色去配合，其效果亦相差不遠。

水險知多少

有些人一生易犯水險，所以在下水之前定必要看自己有否犯水險之特徵。

犯水險指數

一、眉特別粗（一生易有意外）。（四分）
二、頭髮又粗又硬。（三分）
三、鬚多而粗。（三分）
四、眉濃且眉內有痣（一生易犯水險）。（五分）
五、雙目無神。（三分）

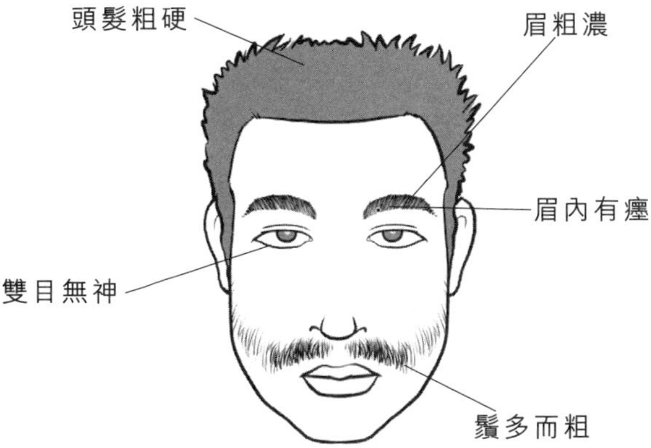

六、手掌生命線折斷或有交叉紋，左手代表三十歲前，右手代表三十歲後有生命危險。（五分）

七、手掌生命線旁有平行短線（有生命危險）。（五分）

八、冬天出生（命中水已重，忌水）。（二分）

九、沖犯太歲年（即同生肖年及沖生肖年）。（三分）

十、生肖屬豬、鼠、牛（水重年）。（二分）

十一、下巴帶青、暗、黑色（危難在目前）。（七分）

十二、嘴唇現暗青、黑色（危難在目前）。（七分）

十三、面帶灰暗（危難在目前）。（七分）

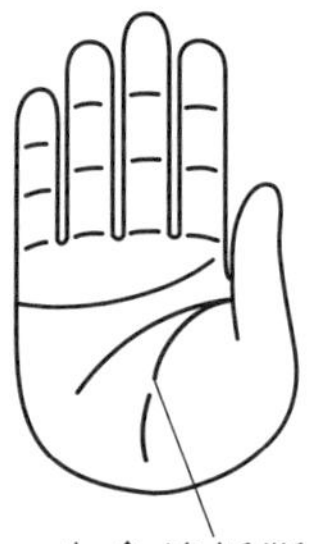

如發現加起來的分數超過十二分以上，最好不要下水，或下水時要額外小心，並避免危險之水上活動，如潛水、滑水等。當然即使是零分，在做各樣運動前都最好有充足的準備。

化解大法

如發現自己超過危險線，又很想下水的話，亦有補救之法。正所謂一命、二運、三風水，故可用風水之法來補救。此法是在屋中正北位置放石頭、瓷器或玉器等天然石製物品以制北方之水。然後在正東、正南面放紅色物件增加火氣以制水，這樣分數將可減半。

穿環論吉凶

很多人問我穿耳環、眉環是否破相，其實身體上有任何疤痕都算破相。但因每個部位都有不同之代表，所以有些部位影響大，有些部位影響細。

耳朵——代表零歲至十四歲，所以穿耳環是不會影響十四歲以後的運程，故無礙。

眉——穿眉環影響比較大，因眉為交友宮、兄弟宮，又眉代表三十一至三十四歲，故在眉運以前穿眉環，到以上年歲之時便會有影響。又眉代表手，亦代表手易受傷。

鼻——鼻為財星，鼻頭為正財，鼻翼為偏財，故穿鼻環會對財運構成壞影響。鼻頭之年歲除了代表四十八至五十歲外，其實對二十歲、二十九歲、三十八歲、四十七歲都有影響。

唇——上唇為情，下唇為欲，故穿唇環會對情欲構成障礙——上唇影響感情之發展，下唇則影響性欲之享受。

舌頭——舌為言語之代表，穿舌環會令言語發表出現問題，信用倒退，詞不達意。

乳——乳房乃哺乳之區，古代是用以察看婦女是否淫蕩、能否養育兒女、有否貴氣之處。但因現代多用奶粉哺育兒女，故乳房很多時候已失去哺乳之效，而只作性感區來看。所以，穿乳環可代表其人想突出其性徵，引人注意，故可斷其較熱情、性感、多情。

至於男性穿乳環，應沒有甚麼好壞之代表。

肚臍——肚臍為子女之宮，穿臍環容易影響子女之生產以及與子女之關係，但一般穿臍環其實不是穿在肚臍之內，而穿在肚臍以上的肚皮位置，所以一般沒有很大的影響。

天生劣相有得救

有些人天生命相不佳，有着先天性之缺點。其實，這並不容易改變，因天生有缺點的人，第一，不知道自己有缺點；第二，就算知道也不想去改；第三，想改也不知道怎樣去改。所以，現在就由我教大家怎樣去改吧！

一、頭尖額窄，毫無貴格

頭尖即頭頂百會之處尖而凸起，這樣代表其人自尊心強，不認輸。額窄代表其人智力不高，分析能力欠佳。試想一個智力不高，分析能力差而又自視過高的人怎會成功？這種人大事幹不成，小事不想幹，最終必導致貧困一生，餓倒街頭。

補救方法：如發現自己頭尖額窄，就應腳踏實地，從低做起，以勤奮抵消智力不足之弊，且宜專心一致向一條路發展。這樣雖不能令其發達，但至少衣食豐足，甚至可達小康之境。

二、額低人蠢

髮腳低自然額低，額低之人思想不靈活，但為人固執，做事堅持己見，不易接受別人之勸告，難與人相處，人緣不佳。

補救方法：把前額過低之髮腳剃掉，並在剃髮之同時提醒自己因何要剃髮。久而久之，便有潛移默化之作用。待前額之頭髮漸漸不再復生，便能改善其缺點。

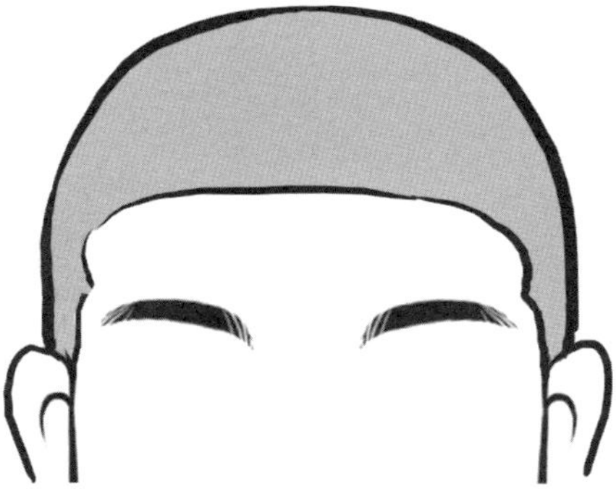

三、濃眉壓目

濃眉壓目者大多有一雙無神之眼。這種人膽小怕事，做事怕吃虧，斤斤計較，不肯付出，試問這種性格的人怎會成功？

補救方法：把近眼之眉毛拔掉。在拔掉之時，還要提醒自己不要斤斤計較，大方一點，放開一點，然後再鍛鍊眼神。久而久之，相格自然會變，此謂之相由心生。

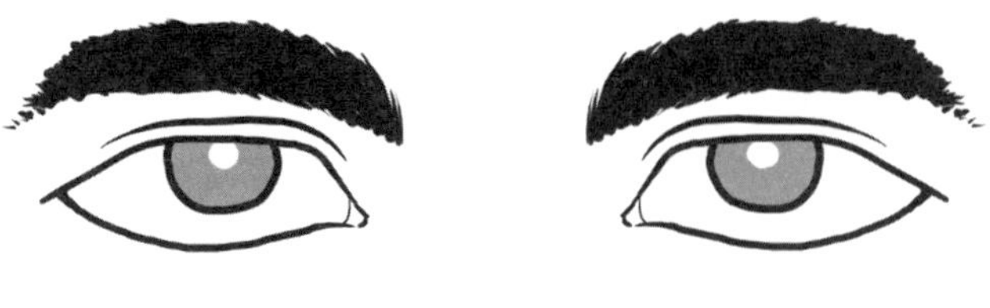

四、鼻樑偏低

鼻樑低，為自信心不足之徵。無論怎樣努力，在要作大決定時仍會猶疑不決，錯失機會。

補救方法：尤幸鼻樑低之人大多兩顴有肉，而兩顴為貴人，所以鼻樑低之人做事宜找大靠山，或與別人合作發展，借助別人之決斷來增強自己的運氣。

五、連眉執著

很多人以為連眉之人比較小器，其實不然。連眉者只是做事太執著，只要有小小不滿意、不開心、不順利，都會耿耿於懷，終日不能開懷，且會把日間不開心之事帶回家裏，不能放低，以致給人小器之感覺。

補救方法：連眉之人宜將眉中間相連之部分拔去，而在拔去眉毛之同時要提醒自己不要太執著，要放開懷抱，從而改變其悲觀執著之性格。

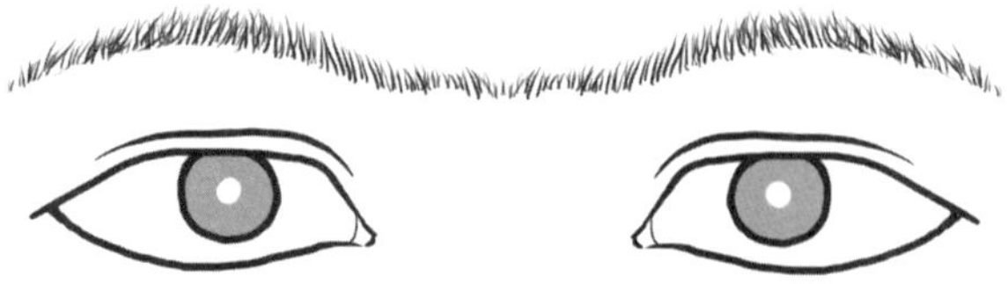

六、眉尾散、眉又亂

眉尾散，財難聚且投機心重；眉亂則心亂，智力不足。試想一個人愛賭博而又智力不足，怎會不長賭長輸？又眉尾鬆散愛賭博，不但愛賭錢，就連做生意亦一樣，常想以小博大，不肯腳踏實地，故有志大才疏之象，終身一事無成。

補救方法：修齊眉毛，再提醒自己要腳踏實地做人。

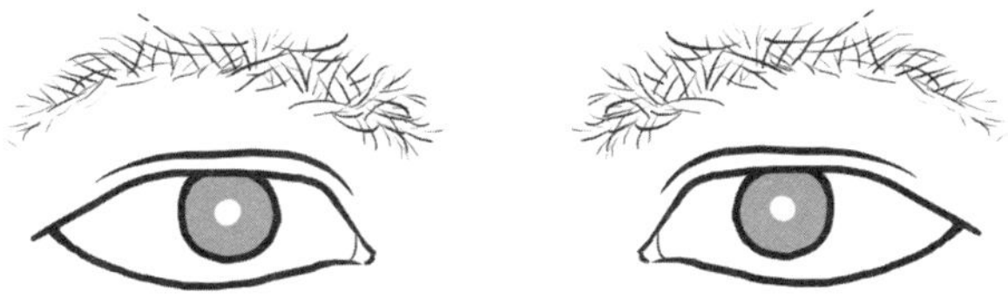

七、雙目無神

雙目無神，不睡似睡，不醉似醉，是為神之不足。得此格者，其人作事有始無終，不但缺乏持久力，無堅忍心，遇困難時更每易退縮，一生難有大成就。加上做人拖泥帶水，決斷力弱，結果一生易有桃色是非、三角關係，糾纏不清。

補救方法：多做有動作之氣功，如太極、六通拳等，以鍛鍊內氣，清其五臟，從而達致神清，以令眼神好轉。待眼神好轉以後，便能增強其判斷力，做事較易成功。

八、下巴尖削

下巴尖削晚運差，夫妻緣薄弱，不懂照顧妻兒子女，而且無愛家之心，不喜留在家中，性格難以安定。

補救方法：找一個下巴尖的配偶，因為當大家有相同性格，便可浪跡天涯，到處為家。又宜積穀防老，因為下巴尖削者，六十歲後運程便會轉差，子女難靠。故此，應未雨綢繆，以防老年孤苦貧窮。

長髮、短髮改運大法

原來不同面形配不同髮型，不但有補助作用，而且能增加人緣及桃花運。

長髮——面形方、腮骨露者利長髮，因面方腮骨露之女性性格較強硬，一生難享夫福。如留長髮，則在外觀上能增加其溫柔之感覺，有助於人緣，亦能增強桃花運。

面圓亦宜長髮，因圓形屬水，而過圓即水過旺，而毛髮屬木能洩水氣，能增加其思想之發揮，所以演藝界及藝術家面圓必利長髮。普通人則無礙。

短髮——面形尖宜短髮，因能突出其面形，從而增加個人之吸引力。尤其從事演藝界或常常面對陌生人的行業，就更為有利。

短面形，亦宜短髮，因面形已短，如再留長髮則會突顯其缺點，令人覺得其面更短；相反短髮能突出其面形輪廓，增加外觀美感，提升人緣及桃花運。

眼鏡擋劫大法

相士常常會叫你戴眼鏡擋煞、擋桃花、擋凶險、擋損傷，但究竟有沒有實質作用呢？這就要問自己知不知為甚麼要戴眼鏡、用來擋甚麼災、甚麼煞，然後再加以提防，才能擋煞，不是單靠一副眼鏡就能擋煞的。

用眼鏡所擋之煞氣主要分為四大類：

一、桃花煞

眼大眼珠大——眼大眼珠大之女性，一生易招惹桃花劫，因眼珠大其人心地善良，富同情心，而眼大則思想天真，每喜發問。由於她們較易相信別人，故易受花言巧語所騙。因此，眼大眼珠大之女性在眼運之時（三十五至四十歲）應戴眼鏡擋煞。

眼細且帶淚水——稱之為「淚眼」，又這種眼以女性佔大多數。淚眼之人一生易有三角戀愛，感情亦較多波折。如其人在眼運以前結婚，大多難以白頭到老；但在眼運內結婚則感情較佳，易白頭到老，所以有淚眼而又早婚則應戴眼鏡擋桃花，望能扭轉劣勢。

半睡桃花眼——雙眼之上眼瞼下垂，蓋着眼之上半部，看上去似渴睡之狀，稱為「半睡眼」，又這種眼以女性佔大多數。有這種眼睛的人大多感情糾纏不清，易為色情所動而理智不能控制，最終不管對方有沒有家室，都會一頭栽進去。所以有此種眼之女性往往易墮落風塵，而男性亦色欲心重，宜戴眼鏡擋桃花。

眼白帶粉紅之桃花眼——眼白帶粉紅之桃花眼本為男性專有，但近年亦發現女性有這種眼。有此眼之人大多會在三十五歲至四十歲行眼運之時遇到非常重之桃花。如在這時才結婚當然沒有問題，但如已婚的話，則這段感情會導致婚姻破裂，甚至糾纏不清，不能自拔。嚴重者，更會導致破財，所以有這種眼之人在行眼運時宜戴眼鏡以擋桃花。

二、血光災煞

如雙眼天生凸出似金魚眼狀，而人又生得瘦削，即代表易有血光之災。所以行眼運之時尤為凶險，宜戴眼鏡擋煞。三白眼、四白眼亦然。

三、官非煞

目露凶光——有些人的雙眼看上去有兇惡之感，謂之目露凶光。目露凶光者，其人性格衝動急躁，即使飽受教育，修養極佳，到眼運之時亦會失去忍耐力，故易有官非打架之災，宜在眼運時戴眼鏡擋煞。

眼神流露——相書云：「眼神流露，非奸即盜。」眼神流露即眼睛表面突然充滿淚水。但眼神流露有兩種不同之結果。如眼神流露、面帶笑容，代表他（她）剛剛認識了一位心儀之異性，而且非常有好感，正在發展階段。這樣的話，當然不用擋煞。但眼神流露、面無笑容，則要留意官非損傷，且宜戴眼鏡擋煞。如眼神流露、面帶愁容，代表已遇官非，正等待審判，則這時即使戴眼鏡亦幫助不大。

四、受騙災煞

若雙眼經常沒有神采，代表思想遲緩，智力不足，較易輕信別人，所以較容易受騙，尤其在眼運之時，易遇騙子，不得不防，宜戴眼鏡擋煞。

眼鏡顏色知多少

寒命人——生於西曆八月八日之後、三月六日之前宜膠鏡框，顏色宜青、綠、紅、橙、紫。

熱命人——西曆五月六日後、八月八日前。

平命人——西曆三月六日後、五月六日前。

熱命人、平命人皆宜用金屬鏡框，顏色宜白、金、銀、黑、灰、藍。

註：這只作參考而已，不一定要跟隨的，因其影響不大。

撞鬼指數

很多人都擔心自己會否撞邪、見鬼。原來在命相學上，撞邪、見鬼之機會大小是可以統計的。為使各位讀者易於計算，現把撞鬼指數化成計分方法，得分愈高，撞鬼機會愈大。

計分方法

一、**眼珠不平衡**——當雙眼平行向前望之時，如發現一隻眼珠在正中，而另一隻眼珠稍為偏左或右，即為眼珠不平衡。由於眼神不能集中，故易撞邪。（三分）

二、**雙目無神**——有些人雙目無神，不睡似睡，不醉似醉，此乃其人神氣不足之故，故易撞邪。（三分）

三、**眉毛粗加眉形粗且壓目**——亦為神氣不足。如加上眼神柔弱則更為不

利。代表其人膽小怕事，疑心生暗鬼。（三分）

四、面上色暗無光澤——此為氣色不好，時運低。（三分）

五、印堂發黑——印堂發黑為當前運氣不佳，且印堂為個人神氣之宮，如印堂發黑即易走霉運。（三分）

六、嘴細——嘴細即膽細，稍有動靜已不驚自驚，驚則把自己的陽氣壓住。（一分）

七、中指特別長——中指是代表孤獨隱居之手指，如中指長則有此傾向。（一分）

八、生肖屬土——原來土在命中代表神秘，故命中土多亦為撞鬼命，而生肖屬羊、狗、牛、龍皆為土。（一分）

九、月分屬土——生於農曆三、六、九、十二月分者屬土。（一分）

十、時辰屬土——早上或晚上七時至九時，早上或晚上一時至三時皆屬土。（一分）

十一、住宅為四隅——大門向東南、西北、西南、東北為先後天陰陽分界線。（二分）

十二、住宅在低窪地帶——住宅在山上屬陽，在低窪地帶屬陰，又低地易吸納陰氣。（一分）

十三、住宅旁有墳場加上地運不配——住宅附近有墳場，在風水學上不以凶論，但亦要注意墳場所在方向——七運東面有墳場，八運西南有墳場，九運正北有墳場則以凶論。（一分）

十四、寒命人且經常穿黑色——寒命人即生於西曆八月八日後，三月六日前，而當中以十一月七日至二月四日前之陰氣更重。因寒命屬陰，陰氣重，黑色又為陰中之陰，兩陰相遇，加重其氣。（一分）

十五、寒命人又開黑色車——其原理同第十四項。（一分）

十六、鬼節期間去陰地——陰地即低地，如地庫、山頭野嶺、海邊、陽台

下。（一分）

十七、女人——因男性屬陽，女性屬陰，君不常見每次鬧鬼都是女廁，有多少次在男廁呢？（一分）

當各位齊集以上之撞鬼指數後，便可計算自己究竟有多少機會撞鬼。分數愈高，機會愈大。

零至三分——你大可放心，因你與鬼無緣相見。

三至五分——撞鬼機會不大，除非你和一位特別易撞鬼的朋友在一起，你才有緣相見。

六至八分——與陰靈緣分極重，機會很大。

九分以上——不用我解釋吧！

見到鬼怎麼辦？

要避免見鬼，其實最佳的方法是佩戴一樣能夠寄託精神的物件，如中國人愛佩戴玉器，外國人喜佩戴十字架，或古人會唸喃嘸阿尼陀佛，有人會唸聖經等，以收集中精神，加強自身陽氣之效，鎮靜精神。當然，亦要避免經常醉酒。

見鬼氣色逐個看

原來見鬼與否在氣色上是有跡可尋的，見鬼氣色可分為三級。

第一級——在面頰上呈現暗青色，代表遇陰靈而自己並不察覺。

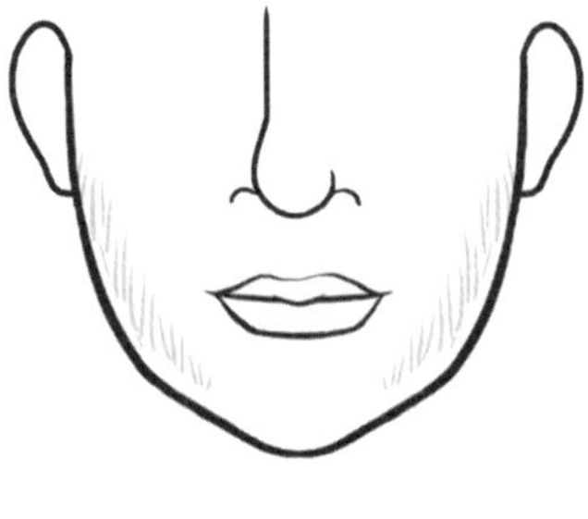

左右面頰呈暗青色

第二級——嘴唇上下環繞青暗黑色，代表曾遇陰靈而自己亦有察覺。

第三級——嘴唇上下環繞青黑再加上雙目無神，視線無焦點，看似視而不見。

但要注意此等神態與剛失戀之人極為相似，故不要見人家的眼睛一眨不眨便斷為此級。此級數之見鬼最為嚴重，已達至被邪靈附體之階段，至此應求教專家解決（但我不是此類專家）。

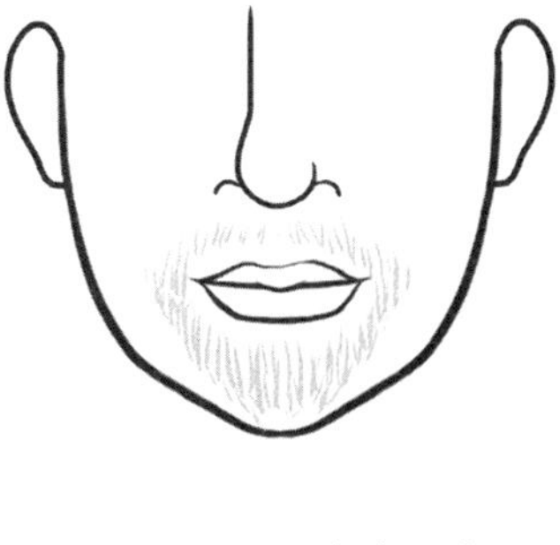

嘴唇上下環繞青黑色

註：農曆三月即西曆四月五日至五月六日，六月即西曆七月八日至八月八日，九月即西曆十月八日至十一月七日，十二月即西曆一月五日至二月四日。

留鬚改運大法

留鬚改運，看似與女性無關係，但身為另一半的妳也應該知道他應留鬚與否吧！

鬚有可留可不留，如鬚枯黃，如亂草，左右分叉如燕尾則不留也罷。

鬚宜軟、潤、有光澤，如硬則以鬈曲為佳。

運用鬍子改運大法是因為面相上有缺陷，而留鬍子則可補其缺陷以助運勢。

但如面上並無缺陷，則留鬚與否應用美觀角度去判斷。

留鬚法

井灶露——鼻為財星，井灶露即露鼻孔。鼻孔微露為偏財格，但鼻孔露如插座孔一樣大則為破財格，主五十歲前不能聚財，宜留上唇之鬚以擋漏財。

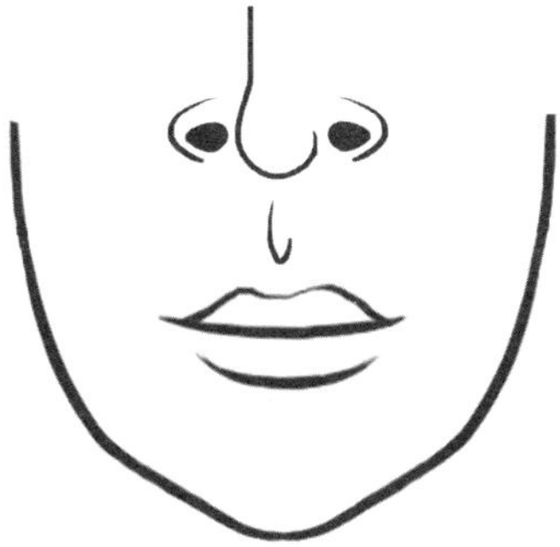

人中不明——面相上，鼻下嘴上之坑名「人中」，人中以深闊長為佳。如人中淺如無，則主子女運差，故宜留上唇之鬚，但中間不留，以形成人中深闊之象。

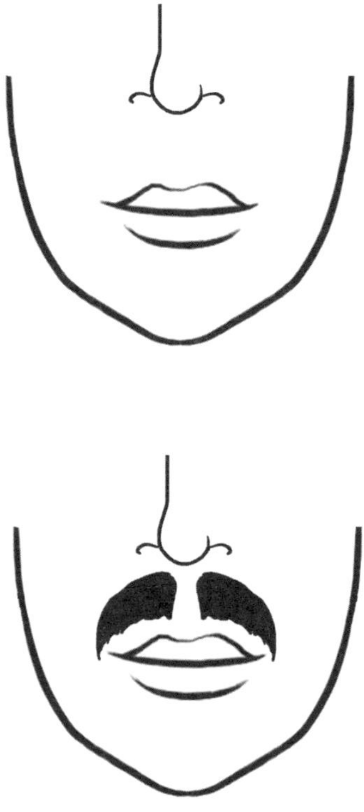

法令不明——鼻旁兩線伸延至嘴旁之兩紋為法令紋，主法律及命令。如法令不明，則命令不能下達，難作領導之人。如從事個人工作當然無問題，但如從事領導性之工作則宜留上嘴之鬚以延長法令之氣勢。

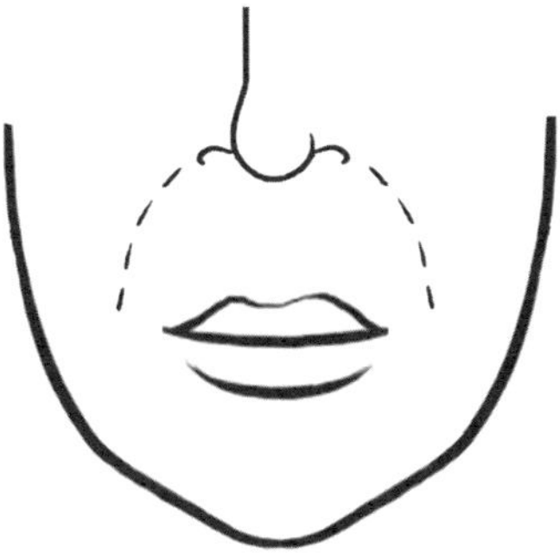

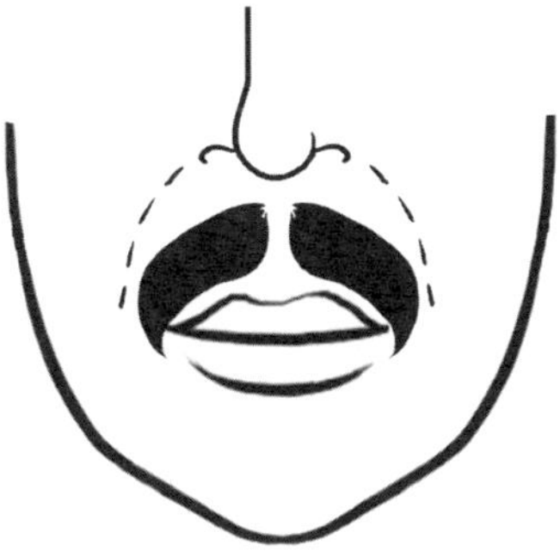

虎耳不脹——虎耳不脹即腮骨不顯。腮骨不顯不獨晚年運差，且為人缺乏逆境求生之意志，每遇困難而退縮，無堅忍突破困難之心。宜留兩邊面頰之鬚，聚其氣勢。

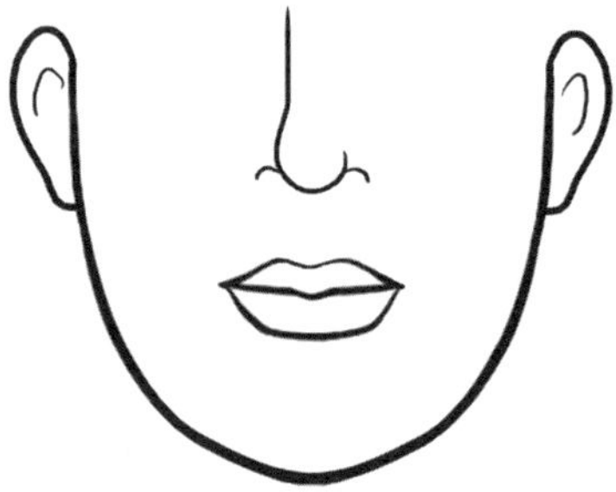

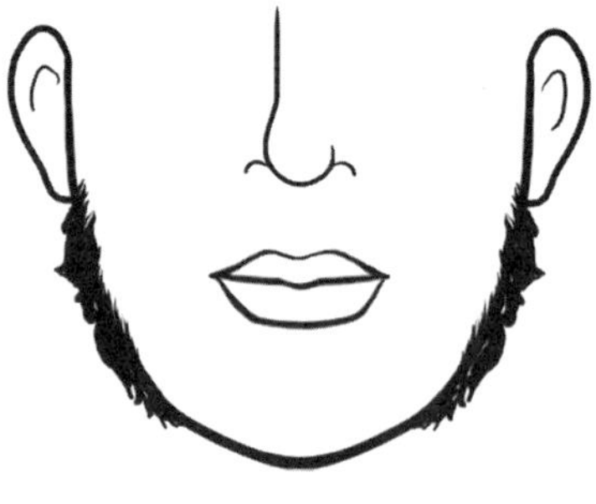

下巴尖削——下巴尖削家運不佳，晚境貧寒，宜留下巴左右兩旁之鬚，使下巴看起來較闊，長久以後使其聚氣，自能改善。

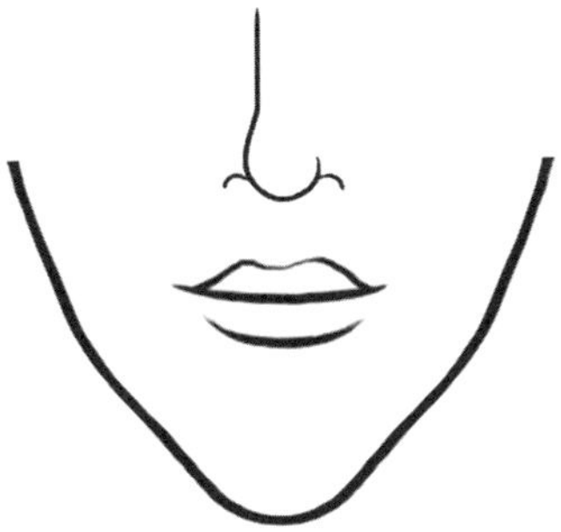

下巴退縮——下巴退縮，代表其人性格衝動，行動雖迅速，但不持久，遇困難會裹足不前。又因其性格衝動，每每作出錯誤決定而不自知，終致一事無成。

宜留下巴之鬚以助其氣勢，久而久之，就能改其衝動行事之性格。

整容能改運？

這個是常被問及的問題，簡單而言，整容是改變不了命運，但如果外觀改變了因而自信心增強，這亦間接算是有幫助的。又因知道某個缺點去整容，整後常常提醒自己不要再犯整容前的錯誤，如連眉或眉心雜亂，代表性格較為執著，如常常把印堂上的眉毛拔掉，拔之時要提醒自己，不要太過執著，久而久之成了習慣，可能使之變得較為樂觀。

又如，門牙不齊或有罅隙，代表常失言，開口夾着脷，人家最不中聽的説話用來講笑，因而得罪了人而不自知。門牙不齊亦代表守不了秘密，即使箍牙或帶牙套，把牙的外表改了，但其失言的情況亦難以改善，故在箍牙時要時刻提醒自己慎言，説話時盡量謹慎一點。在潛移默化下，久而久之，説話可能會變得謹慎。總而言之，整容只能改變外表，不能改變命運及缺點，必需輔以精神力量才有可能有改善。

又整容時，當運行到那一個部位的年歲時便不宜動，如額運代表十五至三十、眉代表三十一至三十四、眼代表三十五至四十、鼻顴代表四十至五十等。

額——有人額頭不飽滿，或左右太陽穴凹陷，代表少年運差，三十前不能聚財，如果整容把額頭整得飽滿後，這現實也不會改變的。相反，額頭太飽滿代表思想慢但記性好。

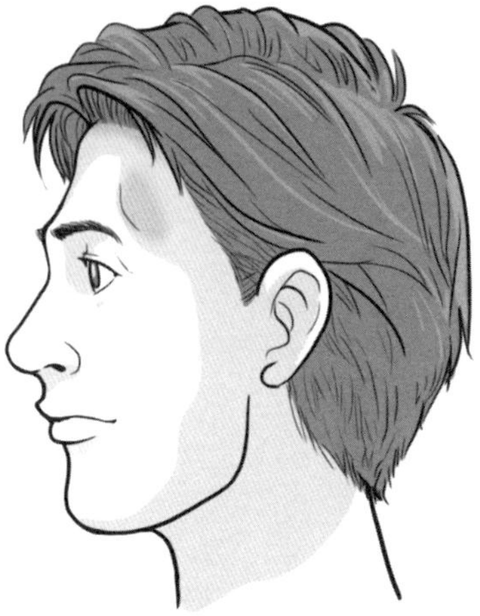

太陽穴凹，30前不聚財

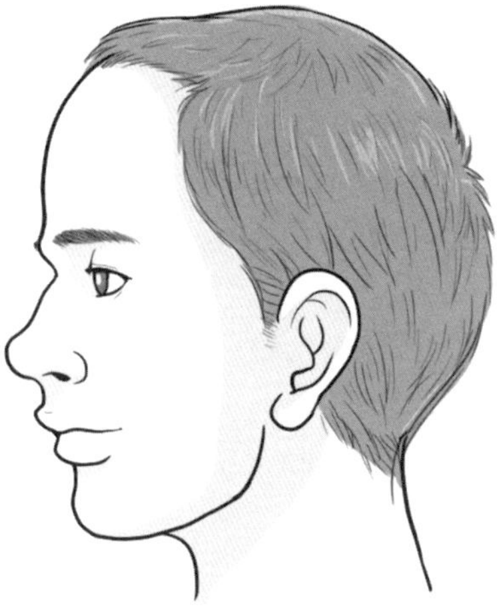

額頭飽滿，思想慢、記性好

眉——飄眉、繡眉、紋眉，其實看眉是看本身天生眉毛的粗幼，以及眉毛是否貼着眉骨去生長，故飄眉、繡眉、紋眉後，相者也是只會細看原本天生眉毛的走向。除非，把整條眉毛都剃掉，否則不會改變相者之判斷。

不論眉毛改變外觀成粗、幼、或長短，相者都是要觀看原來眉毛之粗幼與走向去判斷其吉凶好壞。

粗眉

幼眉

眼——割雙眼皮、開眼尾，即使外觀改變了，眼變大了，也是依照原來相貌去判斷的。如雙眼皮，較善於表露感情；單眼皮，感情內斂；眼細，喜歡把事情藏於心中；面大眼細，婚姻不佳，容易幾度姻緣；眼大，善於表露感情。

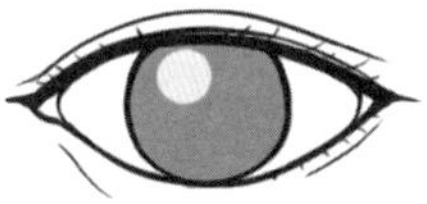

雙眼皮善於表露感情，眼大也是

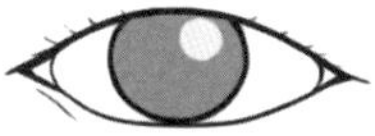

單眼皮，感情內斂

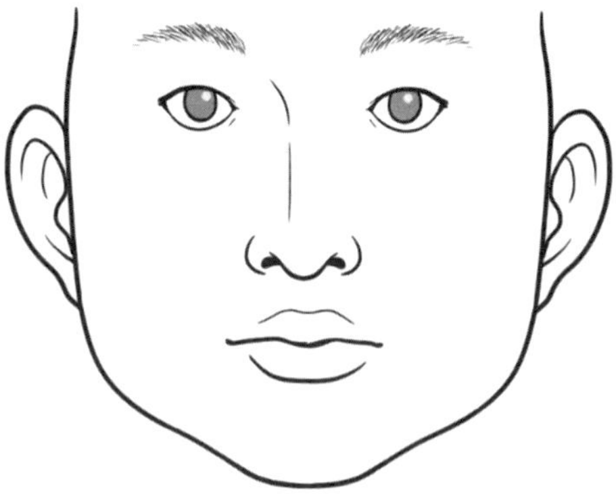

面大眼細，幾度姻緣，
尤以女性更多應驗

鼻——女性鼻為夫星，鼻型細小、鼻樑低，代表夫運不佳，即使後天把鼻整高，也不會改變原來結果，需配上不正常姻緣（如大十年以上、異地姻緣）或有可能改善。

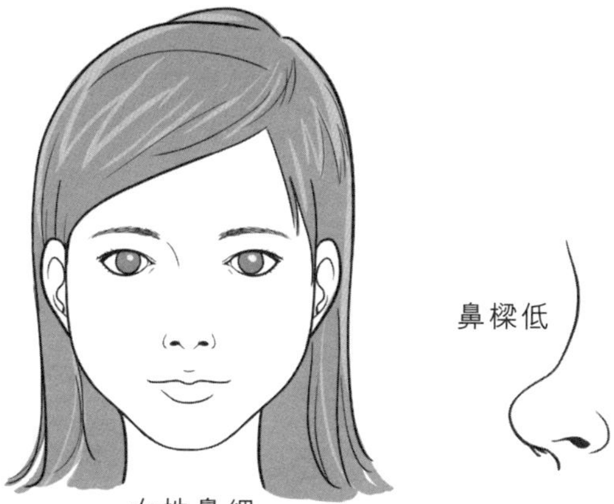

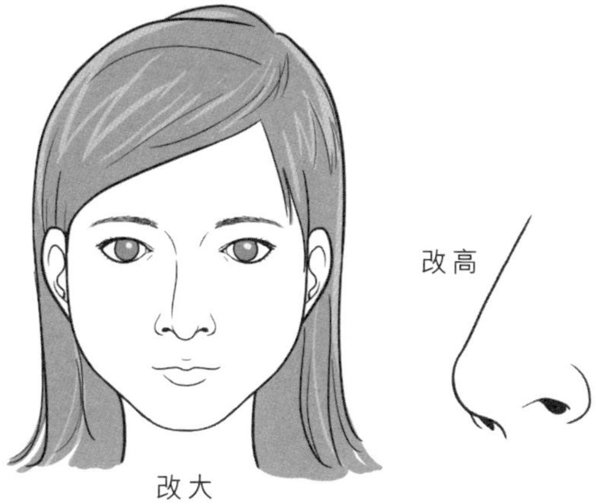

顴——女性顴骨過大或露骨，代表脾氣火爆，即使整容把顴骨削薄，也改變不了原來的性格，夫妻依然會爭吵，除非能增加個人修養，盡量控制好脾氣，夫妻關係才有可能改善。

唇——上唇薄，菱角分明配上門牙整齊，代表言語有技巧。但是紋上唇線，唇的觀感上薄了或菱角分明了，說話也不會變得有技巧。

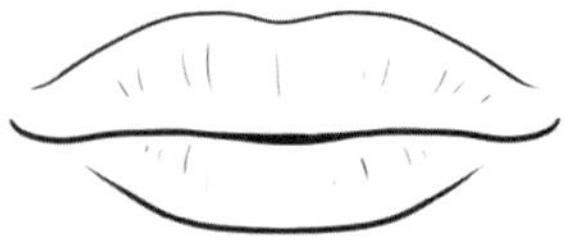

嘴無菱角或上唇厚，不善言詞

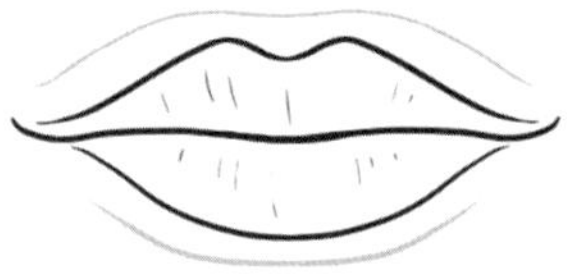

紋薄了或紋出菱角來，也不會有改變的

牙——門牙歪、露隙，代表言語不謹慎，常常說話得罪了人而不自知。

門牙歪

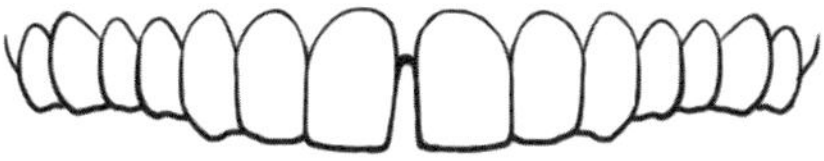

門牙露隙

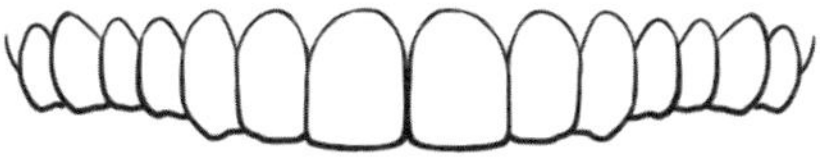

改齊後，說話依然會與之前一樣，說話技巧不佳

下巴——下巴尖削、瀉，代表晚年孤苦或貧窮，即使把下巴改成又兜又潤，也不會改變其晚年命運。

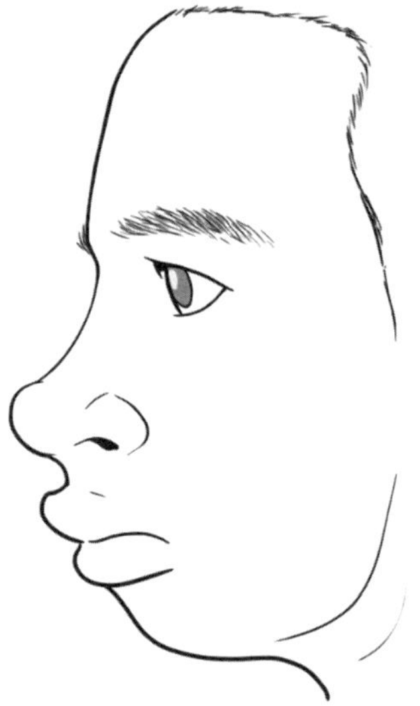

下巴瀉，晚年孤獨

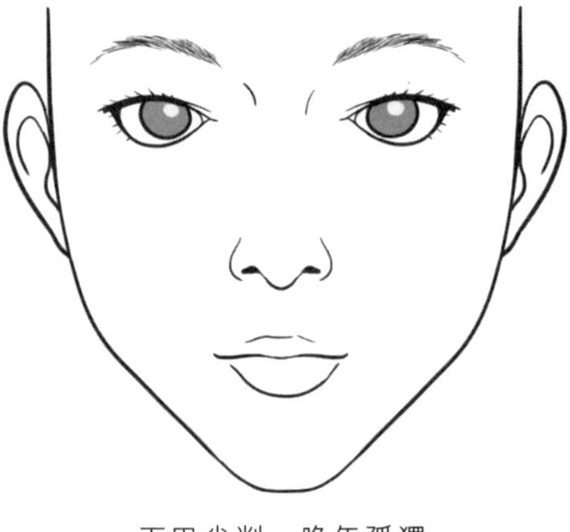

下巴尖削，晚年孤獨

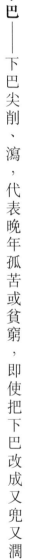

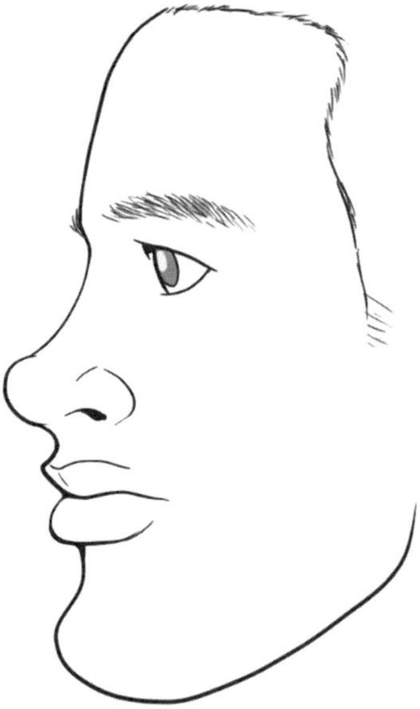

改成兜

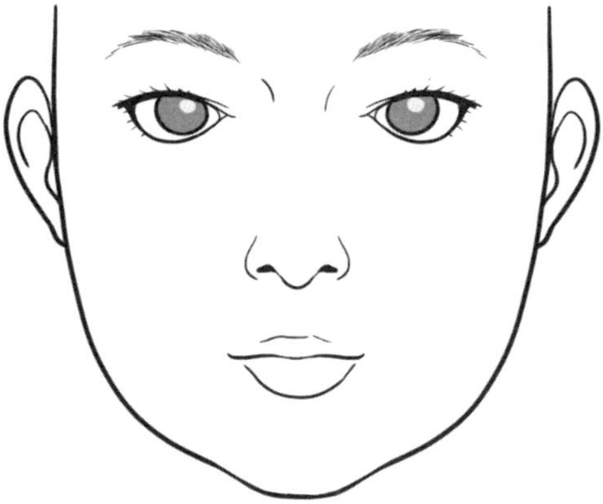

改成圓潤

胸——這是最熱門的整容項目，但平胸、大胸不一定與命運吉凶好壞有關，唯有時胸部過分平坦，有些人會缺乏自信心，因而去隆胸。如隆胸後，能增加其信心，至少這樣自己有時會覺得開心點，而這個已經不是相學的課題了。

胎記是吉是凶

大胎記——胎記一般是天生的，唯胎記愈大，對面相之影響則愈細，應從美觀的角度去審視。

細胎記——胎記愈細反而會突顯其影響力，正所謂十清一俗就是這個意思，而其對面相的影響可與痣㾺同論。

身上胎記——其實不論胎記或痣㾺，長在身上其影響與面上不可同論，不似古書所言，長於某處會顯貴，長於某處會貧賤。好像說腳板下有一點痣名腳踏一星能管千兵，還說腳踏七星，能管天下。這些都是古人杜撰出來的，故不可信。

其實每個學說都需要大量統計歸納，才能得出其結果。身上的胎記及雀斑、痣㾺根本從古到今都無人可以去大量統計，即使真的有吉凶好壞之影響，唯其影響是甚麼呢？根本暫時無人得知，故頸項以下的任何印記可以不作任何推論。

破相損大運？

大破相——破相一般是後天的，其缺陷吉凶可參照胎記、痣瘰去判斷，即缺陷愈大，影響愈小，應從美觀方面去判斷。

小破相——其影響與痣瘰相同，如額看父母、眉看兄弟、鼻看姻緣、顴看權力、牙看言語、門牙看父母、下巴看家等等。

破相時間——少年五觀小破相一定有其影響，因為日後必然會經過這個部位，唯過了這個部位的年歲後破相，因其影響力已經過去，故其影響不大。如四十歲破了眉，因眉代表三十一至三十四歲，其年歲已過，不會回復影響；又如五十歲後破了鼻，而鼻的年歲為四十一至五十歲，五十一歲後從鼻破相又或年紀大了，鼻樑長了雜紋或痣瘰，其實影響已經不大了。

即使用了「九執流年法」去判斷，過了本位年紀愈遠，影響便愈細。

玄學錦囊相掌篇（增訂版）

著者
蘇民峰

責任編輯
吳惠芳　周宛媚

造型攝影
Polestar Studio

裝幀設計
維他命詩　鍾啟善

插圖
Gainax　木子

出版者
圓方出版社
香港北角英皇道 499 號北角工業大廈 20 樓
電話：2564 7511
傳真：2565 5539
電郵：info@wanlibk.com
網址：http://www.wanlibk.com
http://www.facebook.com/wanlibk

發行者
香港聯合書刊物流有限公司
香港荃灣德士古道 220-248 號荃灣工業中心 16 樓
電話：2150 2100
傳真：2407 3062
電郵：info@suplogistics.com.hk

承印者
中華商務彩色印刷有限公司
香港新界大埔汀麗路 36 號

規格
32 開（216mm X 143mm）

出版日期
二Ｏ二Ｏ年七月第一次印刷
二Ｏ二四年二月第二次印刷

Published in Hong Kong, China by Forms Publications,
a division of Wan Li Book Company Limited.
ISBN 978-962-14-7273-1

蘇民峰作品集

風水

- 《風水謬誤與基本知識》
- 《家宅風水基本法（增訂版）》
- 《如何選擇風水屋》
- 《風水天書（第七版）》
- 《風生水起 理氣篇》
- 《風生水起 巒頭篇》
- 《風生水起 例證篇》
- 《風生水起 商業篇》
- 《生活風水點滴》
- *Feng Shui Guide for Daily Life*
- *A Complete Guide to Feng Shui*
- *Feng Shui —— A Key to Prosperous Business*

八字

- 《八字萬年曆（增訂版）》
- 《八字入門 捉用神（第六版）》
- 《八字筆記壹》
- 《八字筆記貳》
- 《八字進階論格局看行運（第二版）》
- 《八字論命（第四版）》
- 《八字‧萬年曆》
- 《八字秘法》

姓名學

- 《玄學錦囊 姓名篇（新修版）》
- 《簡易改名法》

相學

- 《玄學錦囊 相掌篇（增訂版）》
- 《中國掌相》
- 《觀掌知心 入門篇》
- 《觀掌知心 掌丘掌紋篇》
- 《觀掌知心 掌紋續篇》
- 《實用面相》
- 《觀相知人》
- 《相學全集（卷一至卷四）》
- 《談情說相》
- *Essential Palm Reading*
- *Practical Face Reading and Palmistry*

其他

- 《峰狂遊世界》
- 《瘋蘇Blog Blog趣》
- 《蘇民峰美食遊蹤》
- 《師傅開飯》